Taina Tervonen

DIE REPARATUR DER LEBENDEN

Zwei Frauen in Bosnien-
Herzegowina auf der Suche nach
den Ermordeten des Krieges

Aus dem Französischen von
Patricia Klobusiczky

Paul Zsolnay Verlag

Die Originalfassung erschien 2021 unter dem Titel
Les Fossoyeuses im Verlag Marchialy in Paris.

Cet ouvrage a bénéficié du soutien du programme
d'aide à la publication de l'Institut français.
Dieses Werk wurde durch das Programme PAP
des Institut français gefördert.

1. Auflage 2025

ISBN 978-3-552-07545-0
© Éditions Marchialy, Groupe Delcourt, 2021
Alle Rechte der deutschsprachigen Ausgabe
© 2025 Paul Zsolnay Verlag Ges. m. b. H., Wien
Prinz-Eugen-Straße 30 | 1040 Wien | info@zsolnay.at
Satz: Nele Steinborn, Wien
Autorinnenfoto: © Chloé Vollmer-Lo
Umschlag: Anzinger und Rasp, München
Druck und Bindung: GGP Media GmbH, Pößneck
Printed in Germany

MIX
Papier | Fördert
gute Waldnutzung
FSC
www.fsc.org   FSC® C014496

DIE REPARATUR DER LEBENDEN

PRIJEDOR

KOZARAC
TRNOPOLJE

TOMAŠICA   Massengrab
SANSKI
MOST   BANJA LUKA
Šejkovača
              REPUBLIKA
              SRPSKA

SERBIEN

BRČKO

KROATIEN

FÖDERATION BOSNIEN
UND HERZEGOWINA

SARAJEVO

MOSTAR

MONTENEGRO

BOSNIEN-HERZEGOWINA   ALBANIEN

»Das ist eine Geschichte über Knochen, die man sucht.
Wie wenn man Dinosaurierknochen sucht,
nur sind das Menschenknochen.
Man sucht sie, weil das wichtig ist
für ihre Lieben.
Wenn man sie findet,
können die Lieben sie beerdigen,
und dann sind sie nicht mehr vermisst.«
Armand, neun Jahre

PROLOG

Halb eins, die Mittagspause ist vorbei. Das Team packt die Reste des Essens wieder ein, das in Ermangelung eines Tisches auf einer Motorhaube serviert wurde. »Something sweet«, hat sie gesagt und mir als Dessert ein Stück Schokolade gegeben. »Was Süßes, das können wir hier alle gut gebrauchen.« Senem legt wieder eine Maske an, streift saubere Handschuhe über ihren weißen Overall, rückt ihre dunkelblaue Schirmmütze zurecht. Ich erklimme den Erdhügel am Rand der Grube, die so groß ist wie ein Fußballfeld. Senem ist bereits unten, weit hinter der polizeilichen Absperrung, die ich nicht passieren darf. Der Bobcat startet, die Spitzhacken werden geschwungen, es geht wieder an die Arbeit.

Ich wusste nicht, was mich erwartete, als ich hier ankam. Nichts hatte mich auf den Anblick eines Massengrabs vorbereitet. Nichts außer einigen Archivbildern, die ich hier und da in Reportagen zu sehen bekommen hatte, Berichten von Überlebenden, die in den Tiefen dieser Grube hätten landen können. Doch von dem, was passiert, wenn die Erde sich auftut, um die Vergangenheit wieder hochkommen zu lassen, wusste ich nichts. Ich erwartete das Grauen, das Unsagbare, das nicht zu Beschreibende. Allein bei der *Idee* eines Massengrabs.

Ein Massengrab ist keine Idee. Ein Massengrab ist Arbeit. Für Ideen ist kein Platz angesichts dieses klaffenden Lochs, aus dem die Leichen vor Wintereinbruch geborgen werden müssen.

Unten in der riesigen Grube gräbt Senem mit allen anderen

aus dem Team, forensische Anthropologen wie sie, Archäologen, Osteologen, alle in den gleichen weißen Overalls, die mit dem dunklen Orange der lehmigen Erde kontrastieren. Die herbstlichen Regenfälle haben sie in klebrigen Matsch verwandelt, der an den Stiefeln und Handschuhen der Ermittler haften bleibt, wenn sie die Schaufel weglegen und mit den Händen weitergraben, so können sie behutsamer vorgehen, sobald sie sich den Überresten nähern, die am Grund des Lochs zum Vorschein kommen.

Als der Mann mit der Polizei sprach, nannte er eine Zahl: 900. So viele Leichen wurden seiner Schätzung nach hier versenkt. Er hatte einen der Lastwagen gefahren, mit denen die Opfer transportiert wurden, die man in den ersten Kriegswochen ein paar Dutzend Kilometer von hier entfernt getötet hatte. Es war im Sommer 1992, es war heiß, wie oft in dieser Gegend, erinnern sich die Überlebenden. In einem Dorf nach dem anderen wurden die bosnischen und kroatischen Bewohner hingerichtet oder in Lager eingesperrt. Die ethnische Säuberung, die von Ratko Mladić und Radovan Karadžić ersonnen und organisiert worden war, hatte diese Region Bosnien-Herzegowinas lange vor den drei Jahre später erfolgten Massakern von Srebrenica entvölkert. Die Leichen, die jetzt aus der Erde hervorkommen, sind erstaunlich unversehrt. Normalerweise hat Senem mit Skeletten zu tun, nicht mit Leichnamen wie diesen, größtenteils intakt, bei denen das Fleisch noch an den Knochen hängt. An diesem Ort hat der lehmige Boden die Verwesung verzögert, die bei freier Luftzufuhr wieder einsetzt und sich beschleunigt, 21 Jahre nach dem Ableben. Der Geruch des Todes schwebt über allem, dringt in die Nasenhöhlen ein, verharrt dort stundenlang. Abends in meinem Pensionszimmer nehme ich ihn immer noch um mich herum wahr.

Unten, neben den beiden roten Festzelten, die vor allzu starken Regenfällen Schutz bieten, heben sich weiße liegende Gestalten von der dunklen Erde ab. Es sind die Leichensäcke, auf Holzplanken ausgelegt, die auf dem nackten Boden abgestellt wurden. Die Leichen sind in der Reihenfolge nummeriert, in der sie dem Massengrab entnommen wurden. Die letzte für heute trägt die Nummer 109. Das Team gräbt seit einem Monat.

Jeden Tag werden die Säcke um 16 Uhr in den Leichenwagen verladen, einen kleinen dunkelblauen Lieferwagen. Dieser fährt dann zum Identifikationszentrum der Krajina, einem Leichenschauhaus für die Kriegsvermissten. Dort bin ich Senem das erste Mal begegnet, an einem Tag Ende September, drei Jahre zuvor.

2010

1

»ALS KIND WOLLTE ICH ARCHÄOLOGIN WERDEN«

»Siehst du, diese passen ineinander.« Senem greift ein paar Wirbel heraus. »Schau mal. Die Knochen sprechen für sich.« Sie setzt das Skelett zusammen wie ein Puzzle, ihre Gesten sind schnell und präzise, sie ist geübt darin: die großen Schenkelknochen neben das Becken, die Rippen um die Wirbel herum, den Unterkiefer neben den Schädel. Ich habe noch nie einen Toten gesehen. Am Fuß des Leichnams, den Senem wiederherstellt, liegt ein leuchtend roter Wollpulli, sorgfältig zusammengelegt, auf dem ein Paar Schuhe abgestellt wurde, das Leder ist steif geworden von den vielen Jahren unter der Erde.

Auf weißen Leichensäcken, die sich auf dem nackten Betonboden aneinanderreihen, liegen die Überreste von sieben Leichnamen, die drei Tage zuvor exhumiert wurden. Die Reihe setzt sich fort, geschlossene weiße Säcke, die andere Überreste enthalten, andere Knochen, andere Wirbel, die sortiert werden müssen. »Es sind 22, sie stammen alle aus demselben Massengrab«, erklärt Senem. Um mich herum stehen fünfstöckige Rollwagen an den Wänden, sie nehmen mehrere Meter ein, und in jedem Fach steckt ein Leichensack. Wie viele sind es denn insgesamt in dieser riesigen Gewerbehalle?

Vor einer Woche bin ich in Sarajevo gelandet. Ich bin zum zweiten Mal in Bosnien-Herzegowina und weiß nicht viel über die Geschichte dieses Landes, nur, dass dort ein Krieg stattgefunden hat, der 1995 endete, ein Krieg mit 110 000 Toten, von denen 30 000 vermisst wurden. Gesucht wird noch nach einem Drittel, also 10 000 Personen. Ihnen gilt mein Interesse, diesen Gespenstern, auf deren Rückkehr die Familien warten, um sie bestatten zu können. Ich habe Hinterbliebenen gelauscht, als sie vom Leid des Wartens sprachen und von der Unmöglichkeit zu trauern. Aber ich ahne so gut wie nichts von der Arbeit, die erbracht werden muss, um einen Leichnam zu identifizieren. In Sarajevo erwähnte eine meiner Kontaktpersonen Senems Namen. Sie ist forensische Anthropologin und leitet das Identifikationszentrum der Krajina, einer Region im Nordwesten des Landes. Als ich sie anrief, gab sie mir eine Wegbeschreibung: noch vor dem Busbahnhof bei der Tankstelle aussteigen, der kleinen Straße folgen, die durch ein Wohnviertel der Stadt Sanski Most führt, und mich dann in das Gewerbegebiet von Šejkovača begeben. Hier soll ein Leichenschauhaus sein? An einem nebligen Herbstmorgen gingen meine Fotografin Zabou und ich unschlüssig am Straßenrand entlang und griffen schließlich zum Telefon, in der festen Überzeugung, wir hätten uns verlaufen, dabei standen wir direkt vor dem Gebäude.

Nur hatte ich es mir nicht so vorgestellt: eine ganz gewöhnliche Lagerhalle mit großen Fenstern, gegenüber einer Zementfabrik.

Senem servierte uns Nescafé, damit wir uns im Container aufwärmen konnten, der ihr als Arbeitszimmer diente. Ich hatte kaum einen Schluck getrunken, als sie ihre Tasse nahm und uns einlud, ihr in die Halle zu folgen. Mit ihren Turnschuhen und der Lederjacke, dem unter einer schwarzen Mütze verborgenen Haar und ihren gerade mal dreißig Jahren entsprach sie ebenfalls nicht der Vorstellung, die ich mir von der Leiterin eines Leichenschauhauses machte. Als müsste man vom Leben gezeichnet sein, um sich dem Tod zu nähern – und wenigstens einen weißen Kittel tragen. Senem hingegen betrat die Halle mit ihrer Kaffeetasse, wie man morgens ins Büro kommt. Als sie die Türen zum großen Saal öffnete und ich all diese weißen Säcke auf dem Boden und auf den Rollwagen sah, zögerte ich kurz; ich wollte einwenden: Man kann eine Leichenhalle doch nicht so ohne Weiteres betreten, man müsste … Was man müsste, wusste ich nicht. Senem war aber bereits über die Schwelle getreten und hielt mir die Tür auf, sie wartete auf mich.

Also habe ich nichts gesagt und bin hineingegangen.

»Vor dem Krieg war das hier eine Fabrik«, sagt Senem auf Englisch. »Dann wurde sie zur Leichenhalle.« Sie deutet auf die Fotos, die mit Tesafilm an der Wand befestigt sind.

Was für eine Fabrik? Ich habe die Frage noch gar nicht ausgesprochen, als sie mir bereits erklärt, was diese Bilder bedeuten, die auf Blättern im A4-Format ausgedruckt sind. Auf einem sind kleine, nummerierte gelbe Kegel, wie man sie von Tatorten kennt, kreuz und quer in der mit Knochen übersäten Grube verteilt. Bei der Exhumierung müsse sofort alles fotografiert und notiert werden. Die Position der Knochen lasse darauf schließen, ob sie alle zu einer Person gehören und in einen einzelnen Leichensack gesteckt werden können. Im Leichenschauhaus werde er geöffnet, sein Inhalt gesäubert und dann erneut untersucht.

»Manchmal passen Rumpf und Beine nicht zusammen, oder es besteht zwischen Schädel und Becken ein Altersunterschied. In Zweifelsfällen bestimmt die DNA-Analyse, welche Knochen zu einer einzelnen Person gehören.«

Ich lausche ihr, versuche, mir alles einzuprägen, die Säcke am Boden, die Rollwagen, die Knochen, die DNA. Die Halle kommt mir riesig vor. Die Decke ist gut zehn Meter hoch und von Stahlträgern durchzogen, die ein geometrisches Muster bilden. Das Licht fällt durch eine Reihe von Fenstern direkt unterhalb des Dachs, heute Morgen nur zaghaft, vom flächendeckenden Nieselregen getrübt.

»Anhand der DNA lässt sich außerdem die Person identifizieren«, fährt Senem fort. »Der genetische Fingerabdruck des Verstorbenen wird mit denen von Hinterbliebenen verglichen. Ihnen wurde dafür Blut abgenommen und die Untersuchungsergebnisse wurden in einer Datenbank gesammelt. Und wir hoffen dann auf einen *Match*.«

Sie spult ihre Erläuterungen ab wie eine Präsentation, die sie schon Dutzende Male vor Besuchern gehalten hat, denen die Bezeichnung »DNA« bis dahin auch nur in Krimiserien begegnet war. Tatsächlich sieht Senem selbst aus wie eine Figur aus einem Polizeifilm, mit ihrer Lederjacke und der Zigarette im Mund, dem stechenden Blick und dem ernsten Ton; der Kontrast zwischen ihrem geradezu kindlichen Gesicht und den Leichen, die sie umgeben, ist frappierend. Geduldig erklärt sie mir, was *Match* bedeutet: eine genetische Übereinstimmung, der Nachweis einer Blutsverwandtschaft, also einer Identität.

»Das Problem sind die Sekundärgräber«, fährt Senem fort und deutet auf ein anderes Foto an der Wand.

Darauf sind Rippen zu sehen, ein Teil der Wirbelsäule und Bruchstücke eines Schädels. Daneben auf einem anderen Foto: ein paar Wirbel, das Becken und die Oberschenkelknochen.

»Der obere Teil dieses Skeletts wurde 2001 in Jakarina Kosa geborgen. Und das hier ist der untere Teil, dreißig Kilometer entfernt in Tomašica exhumiert, im Jahr 2003.«

Gegen Kriegsende haben die Täter Leichen von einem

Massengrab in ein anderes versetzt, um die Spuren zu vertuschen. Fünfzehn Jahre später wird die Identifizierungsarbeit dadurch massiv erschwert. Die Skelette sind in den seltensten Fällen vollständig.

»Manchmal verfügen wir nur über einen Finger oder einen Oberschenkelknochen.«

Von der zwei Meter hohen Zwischenwand, die die Halle in zwei Hälften teilt, blicken uns winzige Gesichter an, die auf einem Streifen aus Packpapier kleben. Sie haben das Format eines Passfotos, manche wurden einfach aus größeren Abzügen herausgeschnitten, Bildern aus Familienarchiven, die trotz Krieg und Exil verschont geblieben waren, ernste, lachende, verträumte Gesichter, mal mit Zigarette im Mund, mal mit zahnlosem Lächeln, in Soldatenuniform, ein schmollendes Kind, runzlige Wangen, ein Klassenfoto oder diese typische Frisur aus den 1990er Jahren, die mich an meine Gymnasialzeit erinnert. Die Gesichter all jener, die in der Krajina vermisst werden. Es sind mehr als 5000.

»Wenn uns nur ein Arm vorliegt, kann der Gerichtsmediziner weder die Todesursache erkennen noch eine Sterbeurkunde ausstellen. In diesen Fällen raten wir der Familie zu warten. Letztlich ist das aber ihre Entscheidung.«

»Und was passiert, wenn die Familie beschließt, das Begräbnis durchzuführen, und später weitere Knochen gefunden werden?«

»Dann muss der bereits bestattete Leichnam exhumiert und ergänzt werden.«

Wie oft kann man wohl einen nahen Angehörigen beerdigen? Diese Frage war mir bisher überhaupt nicht in den Sinn gekommen. Im Reich der Toten habe ich keinerlei Bezugspunkte, erst recht nicht im Reich der gewaltsam zu Tode Gekommenen, der Opfer von Folter und Hinrichtungen, ich habe keine Vorstellung von den Spuren, die all das an diesen namenlosen, auf weißen Leichensäcken gebetteten Knochen und im Gedächtnis der Verwandten hinterlässt, die hoffen, ihre Liebsten wiederzufinden.

»Diese Leichname waren fast vollständig.« Senem zeigt auf die weißen Säcke, die auf dem Boden aufgereiht sind, sie stammen aus dem jüngst entdeckten Grab. »Die 22 Skelette waren nicht miteinander vermengt, sie wurden mit Sorgfalt in die Grube gelegt.« Die Exhumierung habe fünf Tage gedauert, das sei lange für »so ein kleines Massengrab«, wie Senem erläutert. »So konnten wir alle erforderlichen Vorkehrungen treffen. Und ich weiß, dass wir für jeden Körper nur eine DNA-Probe brauchen. Für die Familien ist das auch besser.« In ihrer Stimme klingt Stolz an, über die erfüllte Aufgabe und die gelungene Arbeit. Sie macht keinen Hehl daraus, dass es sie ärgert, wenn Exhumierungen dilettantisch von Laien ausgeführt werden. Dann fallen umso mehr Untersuchungen an, und die Familien müssen noch länger warten, weil man sich allzu sehr beeilt hat, die Leichen aus der Erde hervorzuholen.

»Die Identifizierung ist so etwas wie ein Punkt, mit dem die Angehörigen einen Satz von mehr als fünfzehn Jahren Länge beenden können«, sagt sie. Wenn möglich, sollte man ihn nicht durch Auslassungspunkte ersetzen.

»Dieses Warten ist mir vertraut«, fügt Senem hinzu. »Bevor ich nach Šejkovača kam, habe ich mit einem Blutentnahme-Team gearbeitet.«

Ihr Ton ist jetzt anders, als wäre die offizielle Präsentation vorbei. Damals, bei ihren Anfängen, habe sie nur eine Arbeit gesucht, erzählt sie, keine Berufung. Ein paar Jahre nach dem Krieg war genau dort Arbeit zu finden: beim Aufspüren der Vermissten. Und so fuhr Senem vier Jahre lang durch Bosnien-Herzegowina, durch Slowenien, Kroatien und Schweden, um Hinterbliebene zu treffen, die der Krieg über ganz Europa verstreut hatte. Mit 21 stand sie direkt vor den trauernden Familien. Als ich frage, wie das für sie war, antwortet sie mit einer Geschichte:

»Einmal musste ich eine Frau befragen, die ihren Mann und ihre sechs Söhne verloren hatte. Mit ihrer DNA ließen sich vielleicht sieben Personen identifizieren. Sieben Personen, das ist enorm viel. Ich habe ihr erklärt, warum meine Kollegin und ich sie aufsuchen. Die Frau war vollkommen niedergeschlagen und schwieg eine Dreiviertelstunde lang ... Wir konnten nichts tun.«

Als der Gerichtsmediziner, der damals in Šejkovača tätig war, ihr 2005 anbot, seine Assistentin zu werden, sagte Senem umgehend zu. Das war leichter, als den Familien zuzuhören, wie sie sagt, lieber rede sie mit den Knochen. Sie erhielt ein Stipendium, um sich in England fortzubilden, an der University of Central Lancashire, und wurde 2008 die erste diplomierte forensische Anthropologin ihres Landes. Bald beförderte man sie zur Leiterin des Identifikationszentrums.

»Hier bin ich richtig«, sagt sie. »Ich hätte mir nicht vorstellen können, diesen Beruf auszuüben, aber er ist zur Leidenschaft geworden. Als Kind wollte ich Archäologin werden. Letztlich mache ich jetzt etwas Vergleichbares.«

In der Halle ist es ringsum still, das Licht dringt nun stärker durch die Fenster, draußen dürfte sich der Nebel aufgelöst haben. Ich male mir aus, wie Senem als kleines Mädchen von Archäologie träumte. Bei Kriegsausbruch war sie zwölf Jahre alt. Sie hatte ihr Zuhause nie verlassen, von zwei Monaten im Frühsommer 1992 abgesehen, die sie mit ihrer Mutter und ihrem zehnjährigen Bruder in der Nähe von Split in Kroatien verbrachte, weil ihr Vater Angst um seine Familie hatte. »Das war schön, wir badeten die ganze Zeit im Meer«, erinnert sich Senem. »Im Juli hieß es dann, wir müssten entweder nach Bosnien zurückkehren oder in ein fremdes Land ziehen, und man bot uns Finnland, Dänemark oder die USA an. Mein Vater kam uns abholen, und wir sind heimgefahren, nach Novi Travnik. Am Tag darauf knallte es. Und dann haben wir vier Jahre Hölle erlebt.«

Da steht sie inmitten der Rollwagenreihen und erzählt mir von ihrer Kriegszeit in Novi Travnik. Die beiden Stadtteile, der bosnische und der kroatische, waren einander plötzlich zu Feinden geworden. Ihre bosnische Familie, die auf der kroatischen Seite lebte, hatte die Kämpfe wochenlang mitangesehen, bevor sie sich ein Herz fasste und auf die andere Seite floh. »Eines Tages kamen ehemalige Studenten meines Vaters, Kroaten, und sagten ihm, sie könnten uns nicht länger beschützen. Da mussten wir weg.«

Sie erinnert sich vor allem an die Geburt ihrer kleinen Schwester. Damals war Senem dermaßen aufgebracht, dass sie sich zwei Wochen lang weigerte, mit ihrer Mutter zu reden.

»Es kränkte mich. Ich war vierzehn, es herrschte Krieg, wir hatten nichts zu essen, und da bekommen sie ein Baby!« Sie lacht schallend, erklärt, inzwischen sei es besser, sie vergöttere ihre Schwester, mit der sie bei ihrer Mutter lebt. Senem ist ledig und kinderlos, vielleicht eine Folge ihrer keineswegs einfachen Tätigkeit, wie sie meint. Bei der Arbeit verdrängt sie ihre Erinnerungen, aber manchmal brechen sie sich unwillkürlich Bahn, wie in der vergangenen Woche, als sie den Leichnam eines Jugendlichen untersuchte. Sie dachte an die Angst, die er unmittelbar vor dem Tod verspürt haben musste, angesichts der Männer, die ihn mitten im Wald erschießen sollten.

»Da kamen meine eigenen Ängste wieder hoch. Wir halten uns für stark, für unerschütterlich, aber wir täuschen uns.« Einmal war Senem allein mit dem Auto nach Banja Luka unterwegs, um eine Freundin zu besuchen, und sah auf der Straße eine überfahrene Katze. Da sei sie in Tränen ausgebrochen, sie musste anhalten und konnte sich erst nach einer ganzen Weile wieder beruhigen. Als sie schließlich ankam, wollte ihre Freundin sie trösten und sagte, ihr sei das auch schon passiert. Sie arbeitet ebenfalls auf diesem Feld und war diejenige, die Senem begleitet hatte, als sie die Frau mit den sieben verlorenen nächsten Angehörigen aufsuchten, die kein Wort über die Lippen brachte.

»*You just snap*«, sagt Senem. Die Nerven gehen mit einem durch.

Von draußen ist ein Maschinengeräusch zu hören. »Das ist Zlatan, er fängt mit seiner Arbeit an«, erklärt Senem. Ein Mann hantiert mit einem Schlauch und einem Kärcher. Er trägt eine weiße Plastikschürze über seiner Kleidung mit dem ICMP-Logo, International Commission on Missing Persons. Diese internationale Organisation, die 1996 von Bill Clinton ins Leben gerufen wurde, führt die Suche nach den in Bosnien vermissten Personen durch, in Absprache mit den Behörden vor Ort. Senem wird direkt von der ICMP beschäftigt.

Zlatans Aufgabe besteht darin, die exhumierten menschlichen Überreste zu waschen, sie von der Erde zu säubern, die an den Knochen und an der Kleidung haftet. Er öffnet einen Leichensack, legt dessen Inhalt in eine große Reuse, die vor der Halle unter einem Vordach liegt, und startet das Reinigungsgerät. Das Dröhnen ist ohrenbetäubend, Wasser spritzt auf die Metallränder der Reuse, fließt aus dem Gitter heraus, strömt, mit schwarzer Erde vermischt, über den Kachelboden. Unter dem Strahl entrollt sich eine dunkle Kugel, die Farbe kommt zum Vorschein, es handelt sich um einen Pullover aus blauer

Wolle. Hauchdünne Wurzeln ziehen sich durch die Maschen, man kann sie unmöglich entfernen, ohne den Pulli zu beschädigen. Die 22 Leichen waren in einem Wald vergraben worden, man hatte sie in eine Naturgrube gelegt, auf den Rücken, mit Blick zum Himmel, in mehreren Lagen, und mit Steinen und großen Ästen bedeckt, die mit der Zeit Wurzeln geschlagen haben.

Für Senem zeugt diese Anordnung von Respekt vor den Verstorbenen, von »guter Absicht«, und sie schließt daraus, dass die Totengräber nicht die Mörder gewesen sein können.

»Wenn man selbst tötet, geht man mit den Opfern nicht so achtsam um. Man legt sie nicht in die Grube, sondern wirft sie hinein. Nicht immer werden die Leichen gleich unter die Erde gebracht, und ein verwesender Körper stinkt, er trägt sich schwer. Warum sollte man sich also die Mühe machen, nachdem man jemanden erschossen hat?«

Zlatan schüttelt den Pulli behutsam aus und legt ihn auf einen Wäscheständer, neben einen zerrissenen schwarzen Slip und ein Paar weißer Socken. Die Kleidungsstücke kommen mir menschlicher vor als die Knochen. Die werden am Boden auf einem großen Bogen Packpapier ausgelegt, der wiederum auf einem Leichensack ruht, einem weiteren. Eine junge Frau steigt mit einer kleinen Kamera auf eine Trittleiter, um die Knochen zu fotografieren. Sie heißt Bejsa und ist Senems Assistentin. Zlatan macht Pause, er zieht einen weißen Plastikstuhl heran, setzt sich und zündet sich eine Zigarette an. Senem zieht ebenfalls eine hervor. Ihre Zigaretten sind lang und dünn, sie stecken in der Tasche ihrer schwarzen Lederjacke. Sie bietet mir eine an, aber ich rauche nicht.

»Wenn wir jetzt noch Massengräber finden, verdankt sich das vor allem Geständnissen. Aber das kommt nicht oft vor«, sagt sie und zieht an ihrer Zigarette. »Diese Leichname konnten exhumiert werden, weil ein Mann sich einem Polizisten anvertraut hat, mit dem er regelmäßig Kaffee trank. Eines Tages erzählte der Mann vom Grab und verriet ihm die Namen all derer, die die Leichen verscharrt hatten. Am nächsten Tag beging er Selbstmord. Der Polizist meint, dass er mit diesen Toten nichts zu tun hatte, aber vermutlich andere Verbrechen sein Gewissen plagten. Offenbar hat seine Tochter ein massives Suchtproblem, Alkohol und Drogen.«

Es komme oft vor, dass eine persönliche Tragödie die Zunge löst. Senem fällt ein Kriegsverbrecher ein, der nach dem Suizid seiner Tochter geständig wurde, und noch ein anderer, der zu reden anfing, nachdem seine Frau und seine Kinder bei einem Autounfall umgekommen waren.

»Da ist etwas, was sie umtreibt. Sie haben gewissermaßen das Bedürfnis nach Sühne.«

Zlatan steht nach seiner Zigarette auf. Senem drückt ihre aus. Wir gehen in die Halle zurück, und sie führt mich in den Untersuchungssaal, in dem überall mit Packpapier bedeckte Tische stehen. Dort werden die menschlichen Überreste nach dem Reinigen ausgebreitet, um genauestens untersucht zu werden, wobei alle Maße, Brüche und besonderen Kennzeichen notiert werden. An den Wänden und Fensterscheiben hängen Skelettschemata und Schautafeln, die dem Oberschenkelknochen je nach Größe verschiedene Altersphasen zuordnen. Auf einem Tisch sind Bruchstücke eines Schädels zu sehen, die wieder zusammengeklebt wurden. Senem holt ein A4-Blatt heraus, das Formular, das für jeden Einzelfall ausgefüllt werden muss, vorerst nur mit einem Code aus Buchstaben und Zahlen versehen, je nach Stätte und Reihenfolge der Exhumierung. Es sei eine Erleichterung, wenn man den Code durch einen Namen ersetzen kann, sagt Senem, »und eine große persönliche Befriedigung«. Sie erzählt von einem sechzehnjährigen Jugendlichen, dessen Überreste durch ihre Hände gegangen sind. Jahrelang hatte seine Mutter in der Hoffnung, ihn zu finden, jedes geöffnete Massengrab in der Region aufgesucht. »Sie wollte ihren Seelenfrieden, nun wird sie ihn endlich zurückerlangen.«

Ich frage Senem, wie lange sie ihre Arbeit fortsetzen, wann ihre Mission wohl erfüllt sein wird. Wenn alle Vermissten aufgefunden und identifiziert wurden? Sie seufzt, und ihre Stimme klingt ermattet, als sie mir antwortet:

»Die DNA ist ein wirksames Instrument, aber sie kann nicht alles lösen. Zurzeit liegen uns hier 450 Fälle vor. Bei 72 ist die Untersuchung erfolgreich abgeschlossen, und die Überreste können bestattet werden. 104 konnten wir identifizieren, aber wir warten auf weitere Körperteile. Von den verbleibenden 274 werden sich einige niemals anhand der Knochen identifizieren lassen. Sie wurden zu sehr in Mitleidenschaft gezogen, von der Zeit, der Witterung, von Tieren. Und aus jedem geöffneten Massengrab stammen auch einige Leichname, für die wir in der Datenbank keinerlei *Match* erzielen, entweder weil ihre Angehörigen alle während des Kriegs gestorben sind oder weil sie keine Blutproben abgegeben haben. Momentan behalten wir sie alle hier. Aber für wie lange? Das weiß ich nicht. Und dann sind da noch die Fehlzuordnungen.«

Fehlzuordnungen?

»Ja. Als gleich nach dem Krieg die ersten Massengräber geöffnet wurden, haben die Familien sich oft allein beholfen. Sie identifizierten die Überreste anhand von Kleidungsstücken oder persönlichen Gegenständen. Die Behörden waren überfordert, und es gab keine zentrale Erfassung. Aus dieser Zeit sind in der Regel nur die geöffneten Stätten bekannt, aber nicht die Anzahl der exhumierten Leichen, beispielsweise. Und es wurden Fehler gemacht. Das ist uns aufgefallen, als wir auf Wunsch des Internationalen Strafgerichtshofs für das ehemalige Jugoslawien (IstGHJ) mit dem Einsatz von DNA begonnen haben. Die Justiz benötigte sie als wissenschaftlichen Nachweis der Identität eines Toten. Natürlich diente sie auch als Beleg für die Zugehörigkeit des Verstorbenen zu dieser oder jener Gemeinschaft, was die Ermittlungen zu den Verbrechen gegen die Menschlichkeit unterstützte. Und so kommt es heutzutage vor, dass die Datenbank einen *Match* für einen Leichnam anzeigt, der gerade erst exhumiert wurde, während die Familie Jahre zuvor einen anderen bestattet hat. Das ist für die Angehörigen sehr schmerzlich, aber wir müssen die Fehler schließlich korrigieren.«

Wie naiv erscheint mir jetzt meine Frage von vorhin, aber Senem hat sich auf eine Antwort eingelassen. Sie ergänzt mit Bedacht, dass es sich um eine »rein persönliche« Einschätzung handelt, die man auf keinen Fall für die offizielle Position ihrer Auftraggeberin oder der Behörden halten darf.

»Offen gesagt, glaube ich allmählich, dass es keine sinnvolle Zielsetzung ist, alle identifizieren zu wollen. Die NGOs, die Behörden, die ICMP verfolgen die besten Absichten, aber manchmal tun wir den Familien nur weh, wenn wir sie wegen einer weiteren Untersuchung oder eines weiteren Knochenfundes kontaktieren ... Man könnte sich auch etwas anderes einfallen lassen. Ein Beinhaus, eine Gedenkstätte an jeder Stelle, wo ein Massengrab geöffnet wurde, ein Verzeichnis der Personen, die jeweils dort getötet wurden, damit sämtliche Familien einen Ort der Andacht bekommen. Denn wie wird es in fünf Jahren sein? Wir werden immer noch Hinterbliebene auf der Suche haben und Hallen voller menschlicher Überreste, die sich nicht zuordnen lassen. Wofür arbeiten wir dann, wenn wir weder die Angehörigen noch die Justiz zufriedenstellen können?«

Aber wer wird die Verantwortung übernehmen und den

Familien mitteilen, dass man die Suche nun einstellt? Selbst fünfzehn Jahre nach Kriegsende ist diese Frage viel zu heikel.

»Komm mit, ich stelle dir meine Kollegen Ajša und Asmir vor. Sie sind beide *Case Manager*, sie betreuen die Familien und nehmen sie in Empfang, wenn sie herkommen, um nach erfolgter Identifizierung die Papiere zu unterschreiben.« Senem schleift mich nach draußen, jetzt ist die Sonne definitiv aufgegangen, sie brennt mir in den Augen, als wir die Halle verlassen und zum Container gehen, in dem Ajša und Asmir arbeiten. Ich drehe mich um, weil ich das weiße Gebäude betrachten will, die Einzelheiten, die bei meiner Ankunft vom Nebel verhüllt wurden: das Wellblechdach, die rostige Tür, die großen Fenster. Und gegenüber der Container, die Hundehütte, das Kabäuschen des Polizisten, der hier Wache hält. »Erst mal eine rauchen«, beschließt Senem. Sie holt einen weißen Plastikstuhl aus dem Eingangsbereich, zündet sich ihre Zigarette an. Noch weiß ich es nicht, aber bald wird dieser Ort auch meiner werden.

2013

2

EIN MASSENGRAB
MACHT SEHR
VIEL ARBEIT

Tomašica, Oktober 2013

Überall Nebel. Er hüllt die Landschaft ein, die beiden Häuser, die wir soeben passiert haben, nimmt uns jeden Horizont jenseits der paar Meter vor dem Auto, das holpernd weiterfährt und dabei den mit Wasser gefüllten Schlaglöchern ausweicht. Der Weg, der zum Hügel hinaufführt, scheint für Traktoren gemacht, nicht für kleine Mietgefährte wie das unsrige, das im Schlamm festzustecken droht. Das Ermittlerteam überholt uns mit seinen zwei Geländewagen, es ist für solche Böden gerüstet. Massengräber befinden sich selten an leicht zugänglichen Orten. Dieses hier liegt auf dem Gebiet einer ehemaligen Eisenmine. Die Leichen dort verschwinden lassen, wo sich niemand über umgegrabene Erde wundern würde. Im Sommer 1992 war das wohl die ideale Lösung. Ein paar Monate zuvor war die Mine noch in Betrieb gewesen, vermutlich standen die Löffelbagger noch an Ort und Stelle.

Am Ende des Weges, hinter den riesigen Erdschollen, die seit Beginn der Grabungen aufgeschüttet wurden, liegt die offene Grube, deren Umrisse im Morgennebel versinken. Das Team zieht sich bereits vor dem Zelt um, das aufgebaut wurde, um das Material zu lagern. Senem hat ihre eigene Technik: Sie bindet sich einen Pferdeschwanz, streift Wollsocken über und dann einen weißen Schutzanzug, danach Handschuhe, die sie zur besseren Abdichtung mit Klebeband an den Handgelenken befestigt, zum gleichen Zweck wickelt sie sich Plastiktüten um die Knie, anschließend zieht sie einen zweiten Schutzanzug über den ersten und schlüpft in die Gummistiefel, zieht noch ein Paar Handschuhe an, eine Maske, eine Schirmmütze.

Drei Jahre sind seit unserer ersten Begegnung in Šejkovača vergangen. Zwischendurch bin ich ins Identifikationszentrum zurückgekehrt, um Szenen für eine Web-Doku zu drehen, die ich gemeinsam mit Zabou gemacht habe, der Fotografin, die mich bei meinem allerersten Besuch begleitet hatte. Der Film erzählt die Geschichte des Dorfs Trnopolje, dessen Schule im Krieg zu einem Gefangenenlager umfunktioniert wurde. Während dieser drei Jahre habe ich Dutzenden Berichten von Überlebenden gelauscht, die weiterhin nach ihren im Sommer 1992 verschwundenen Angehörigen suchten. Senem hatte mir wieder von ihrer Arbeit erzählt, aber nun sehe ich sie zum ersten Mal »im Feld«, wie sie sagt, inmitten von Ausgrabungen.

Vor zwei Wochen habe ich erfahren, dass dieses Massengrab entdeckt wurde. Zunächst war ich zögerlich. Wäre das nicht ein Zeichen von krankhafter Neugier, wenn ich mich zu einer solchen Stätte begeben würde, ohne dass mich irgendein Sender beauftragt hatte? Dann habe ich meinen Kontostand geprüft, Zabou angerufen, dem Staatsanwalt gemailt, der für die Kriegsverbrechen zuständig ist, und sobald er mir grünes Licht erteilte, einen Flug gebucht. Ich hatte das Gefühl, dass ich es bereuen würde, wenn ich diese Gelegenheit verpasste. Ich wollte wissen, was es mit diesem Moment auf sich hat, wenn die Vergangenheit buchstäblich ans Licht kommt.

Es ist mein zweiter Tag vor Ort.

Senem zieht sich die Kapuzen ihrer beiden Overalls über

die marineblaue Schirmmütze mit dem ICMP-Logo. Es sind nur noch ihre Augen zu sehen.

»Nur so entgeht man dem Gestank, der sich im Gewebe festsetzt ... und das klappt auch nicht immer!«, ruft sie durch ihre Maske.

Davon sind hier alle besessen. Als ich gestern im Dorf ankam, wo ich übernachte, erzählte mir ein Freund von der Grabungsstätte, und das Erste, was er erwähnte, war ebendieser Gestank. Als könnte das Wort allein dieses Etwas erfassen, das es gar nicht geben dürfte.

Ein paar Dutzend Meter von den Geländewagen entfernt warten zwei Schaufelbagger und ein Bobcat, die Räder und Ketten voller angetrocknetem Schlamm vom Vortag. Die Fahrer schleppen Benzinkanister herbei, füllen die Tanks und steigen in die Führerkabinen. Die Fahrzeuge starten und versehen diese Stätte mit der Lärmkulisse einer Baustelle. Als ich die Augen schließe, habe ich den Eindruck, an meinem Fenster in Montreuil zu stehen, in meiner Straße, in der seit unzähligen Wochen der Belag ausgebessert wird. Der Bobcat gleitet langsam den Hang zur Grube hinunter, die Schaufelbagger erklimmen ihre Ränder, um weiter Erde auszuheben, damit das Team auf einer noch größeren Fläche suchen und in die Tiefe gehen kann.

Senem klettert zur Stelle hinunter, die gestern freigelegt wurde. Ich sehe, wie sie mit ihren Kollegen im Nebel vordringt, sie schnappen sich Schaufeln und Spitzhacken neben den beiden roten Festzelten, den einzigen Farbflecken in einer Landschaft, die von einem milchigen Schleier verdeckt wird. Ich steige auf die Erdschollen am Rand der Grube, die mit rot-weißem Polizeiflatterband markiert sind – eine Erinnerung daran, dass wir uns wirklich an einem Tatort befinden. Die Grabungsstätte wird rund um die Uhr von einem Polizisten bewacht, und ein Vertreter des zuständigen Staatsanwalts ist die ganze Zeit zugegen, während das Team arbeitet. Sein Name ist Eldar, er trägt ein großes marineblaues Notizbuch bei sich, in das sämtliche Funde und Daten des Tages handschriftlich eingetragen werden: die geborgenen Leichen, ihre jeweiligen Codes, die Gegenstände, die in den Taschen gefunden wurden, die Besucher der Stätte.

Unter den acht weißen Gestalten, die unten zugange sind, kann ich Senem kaum ausmachen, sie sehen sich alle ähnlich, die meisten haben sich die Kapuze über den Kopf gezogen. Die Juristen arbeiten zu zweit oder zu dritt, graben, halten inne, tauschen sich aus, legen Spitzhacke oder Schaufel beiseite, graben mit den Händen weiter, fotografieren, messen. Die Sonne vertreibt nach und nach den Nebel, und ich kann die Umrisse der gewaltigen Grube erkennen. Sie sieht aus wie eine riesige Waschschüssel, deren Boden mit Grabungsspuren übersät ist. Zwei weiße Silhouetten bewegen sich rund um einen dunklen Haufen, der aus der Erde ragt, eine dritte holt einen der weißen Leichensäcke, legt ihn auf dem Boden aus, aufnahmebereit. Ein Stückchen weiter weg zeigen Leitkegel an, wo als Nächstes gegraben werden soll.

Es ist nicht das erste Mal, dass ein Ermittlerteam hier tätig wird. 2003 fanden bereits Grabungen statt, in nur rund hundert Metern Entfernung. Damals wurden etwa zwanzig Leichen gefunden, dann hörte die Suche auf. Manche der hier ausgegrabenen Überreste gehörten zu Körperteilen, die man aus einem anderen Massengrab geborgen hatte, im dreißig Kilometer entfernten Jakarina Kosa, wo es 2001 gelungen war, 308 Opfer zu identifizieren. Die forensischen Anthropologen hatten gleich angenommen, dass diese Leichen versetzt worden waren, aber sie vermuteten, dass sich das primäre Grab in

Jakarina Kosa befand. Wie sich allerdings herausstellte, war es umgekehrt.

»Wir wussten schon seit geraumer Zeit, dass es irgendwo in der Nähe von Tomašica ein größeres Massengrab geben musste«, erklärt mir Eldar während der morgendlichen Zigarettenpause. »Dieser Ort wurde immer wieder erwähnt, wenn es um die mutmaßliche Lage solcher Gräber ging. Aber wir kannten die Stelle nicht.«

Bis schließlich jemand das Schweigen brach. Es war der Fahrer von einem der Lastwagen, mit denen die Toten transportiert wurden.

»Im Rahmen unserer Ermittlungen zählte er zu den Verdachtspersonen. Am Ende war er bereit zu reden, nachdem er mit dem Gericht einen Deal geschlossen hatte. Na ja ... im Gegenzug für sein Geständnis können wir ihn nicht mehr belangen.«

Die hier verscharrten Leichen sollen aus mehreren Dörfern der Region stammen sowie aus Gefangenenlagern und im Juni, Juli und August 1992 hierhergebracht worden sein, »vor allem im Juli«, ergänzt Eldar. In der Grube fand man Geschosse, die darauf schließen lassen, dass manche vor Ort getötet wurden. Die Opfer seien wohl fast alle Bosniaken, es gebe auch ein paar Kroaten, und sie wurden offenbar von serbischen Milizionären und Armeesoldaten getötet.

»Die Toten, die mit Lastwagen transportiert wurden, hat man wohl in ihren Dörfern erschossen. Danach hat man sie in den Gärten, Höfen und Häusern zurückgelassen. Später beschwerten sich die anderen Dorfbewohner über den Gestank. Erst dann wurde veranlasst, dass die Leichen mit Lastwagen abgeholt und hierhergebracht wurden, nach Tomašica.«

Wie viele Lastwagen braucht man, um 900 Tote zu transportieren? Wie oft muss man hin- und herfahren? Wer hat das alles organisiert? Immer gibt es jemanden, der für die Logistik verantwortlich ist, der die Zahl der Lastwagen, Busse, Züge bestimmt – oder die der letzten Zigaretten, die man seinen Opfern vor der Hinrichtung zu rauchen gibt, auf einer Lichtung, die eigens wegen der benachbarten Grotte ausgewählt wurde, wie es bei einem anderen Massengrab in der Region der Fall war, bei Hrastova Glavica.

»Inzwischen haben wir Gewissheit darüber, dass dieses Grab 1993 geöffnet wurde und einige Leichen nach Jakarina Kosa versetzt wurden«, fährt Eldar fort. »Nachdem wir dort circa 300 Opfer identifiziert haben, rechnen wir damit, hier weitere 600 zu finden. Es ist aber noch viel zu früh, um irgendwelche Aussagen zu treffen. Dafür steht bereits fest, dass wir viele vollständige Körper finden. Und auch Decken, wahrscheinlich wurden sie für den Transport genutzt, und Handschuhe, die in die Grube geworfen wurden.«

Vollständige Körper sind in der Regel ein klarer Hinweis auf ein primäres Grab. Wenn menschliche Überreste von einem Ort zum anderen gebracht wurden, findet man eher einzelne Teile, häufig mit denen von anderen vermengt.

»Warum haben sie nur 300 Leichen versetzt?«, frage ich. »Es ging doch um die Vertuschung eines Verbrechens, warum sollte man so viele Beweise zurücklassen?«

»Vermutlich, weil diese Arbeit stinkt und keiner sie verrichten wollte«, sagt Eldar und deutet dann ein Lächeln an.

Mir ist, als hörte ich leichten Spott aus seiner Stimme heraus. Er ist es gewohnt, bei seinen Ermittlungen über die Details makabrer Logistik nachzudenken. In Sarajevo arbeitet er in der Abteilung für Kriegsverbrechen. Er beschäftigt sich mit nichts anderem als damit: Kriegsverbrechen. Während ich mir eben zum ersten Mal die Frage gestellt habe, wie viele Tote man in den Kipper eines Lastwagens laden kann.

Eldar fährt fort: »Nach der Öffnung des Massengrabs im Jahr 1993 wurde die Stätte hier tonnenweise mit Erde überhäuft, um sie mit einem kleinen Hügel zu bedecken. Als wir vor einem Monat mit der Ausgrabung begonnen haben, mussten wir zunächst ungefähr vier bis fünf Meter Erde abtragen, um zur damaligen Erdschicht vorzustoßen. Man konnte sie eindeutig von der anderen Erde unterscheiden, die viel dunkler ist, während die ursprüngliche Schicht eher gelblich und matschig ist, eine Art Lehm. Und wir konnten erst vor zehn Tagen mit dem Graben anfangen, als diese Tonnen abgetragen waren. Und da sind wir auf die ersten Leichenhaufen gestoßen. Alles hinterlässt Spuren in der Erde. Dort, wo gegraben wurde, ist sie dunkler.«

Ich betrachte die Landschaft, die uns umgibt. Nachdem der Nebel sich vollständig aufgelöst hat, tritt eine banale Hügellandschaft zutage. Sträucher, junge Birken, deren Blätter sich schon gelb und orange färben, es wird bald Herbst, dahinter größere Bäume. Ich stelle mir diesen Ort vor, ehe die beiden Schaufelbagger die ganze Erde abräumten. Ein kleiner Hügel, den man aufgeschüttet hatte, um das zu verdecken, was hier begangen wurde, Sträucher, die darauf wuchsen und ihm ein normales Aussehen gaben, und die Erde, der das Verbrechen eingeschrieben ist.

Den ganzen Tag bleibe ich auf den Schollen stehen und beobachte das Team bei der Arbeit. Alle graben, tragen Erde in orangeroten Eimern herum, greifen abwechselnd zu einer kleineren oder größeren Spitzhacke, zerren an etwas. Es ist der Zipfel einer Decke. Senem hat sich am Tachymeter postiert, sie bringt Stunden mit Messen zu, wie bei Straßenbauarbeiten. Die Sonne brennt immer heißer, ihr ist bestimmt warm in diesem hermetischen weißen Doppel-Overall und mit den abgeklebten

Handgelenken. Die Decke wurde aus der Erde hervorgeholt, jetzt werden die Gesten behutsamer, die behandschuhten Hände fahren an den Umrissen eines Leichnams entlang, den sie gleich bergen werden. Die Ermittler ziehen ihn zu zweit heraus, eine steif gewordene Masse, die sie in den bereitliegenden weißen Leichensack stecken und dann zu den roten Festzelten tragen, wo sie sie auf vier Holzplanken am Boden legen. Der Staatsanwalt schreibt mit schwarzem Filzstift eine Nummer auf den weißen Sack, den Code, der zur provisorischen Identifizierung dienen soll.

Jeder Leichnam wird im offenen Sack fotografiert, mit einer Nummer davor, die aus gelben Kegeln mit schwarzen Ziffern zusammengesetzt ist, und einem Blatt Papier in einer Plastikhülle, auf dem Ort und Datum der Ausgrabung stehen: »Tomašica, 8.10.2013«. Der Erste, der heute Morgen geborgen wurde, hat keinen Kopf, er trägt eine Jeans, einen blauen Pulli, und es sind verdrehte Glieder zu erahnen, in einer Position erstarrt, die nicht naturgegeben ist, sondern eine Folge der Erdrückung im Lastwagen und später unter etlichen Tonnen Erde. Es ist der Leichnam Nr. 110. 111 hat einen schwarzen Schädel mit Augenhöhlen, die mich zu mustern scheinen.

Bevor ich mich hierher aufmachte, rief ich eine Freundin an, die aufgrund ihrer Arbeit bereits an Exhumierungen teilgenommen hatte. Céline ist Juristin, auf Kriegsverbrechen spezialisiert und kennt sich mit Bosnien-Herzegowina aus. Am Vortag meiner Abreise trafen wir uns auf der Terrasse eines Pariser Cafés direkt neben ihrer Haustür. Sie saß mir gegenüber und schwieg eine Weile, obwohl sie sonst so gesprächig ist. Schließlich sagte sie: »Ich weiß nicht, wie ich darüber reden soll. Das sind Bilder, die sich einprägen und die man nicht mehr loswird.« Ihr persönliches Bild war das Kopftuch einer Frau, das man aus der Erde hervorgeholt hatte.

Wie ich so an der Grube stehe, fallen mir Célines Worte wieder ein. Ich verfolge die Arbeit des Teams, sehe die methodischen Handgriffe, die müden Gesichter, wenn sie zur zehnminütigen Zigarettenpause heraufkommen, die im Lauf des Tages zunehmend schlammbedeckten Overalls, und ich sehe die gleiche Szene 21 Jahre zuvor: Soldaten der serbischen Armee, denen diese Aufgabe übertragen wurde, bewegen sich rund um die Grube herum. Auch sie erledigten ihre Arbeit. Es gab Schaufelbagger und Schaufeln. Es gab Lebende und Tote. Es gab die Erschöpfung, die müden Handgriffe, es gab das Gewicht und den Gestank der Leichen. Es gab den Schlamm. Es gab den Wunsch, nach einem langen Arbeitstag nach Hause zu gehen und zu duschen, um endlich abzuschalten.

Vielleicht wird mir genau dieses Bild in Erinnerung bleiben: die vermeintlich alltäglichen Verrichtungen, die Arbeit der einen, die geduldig die Arbeit der anderen zunichtemachen, die Banalität des Bösen und die Banalität des Guten.

Abends treffe ich Senem an der Bar des Hotels Zur Brücke wieder, in der Stadt Prijedor, rund zwanzig Kilometer von Tomašica entfernt. Dort übernachten sie und das restliche Team während der Grabungsarbeiten, um nicht täglich zwischen hier und Sanski Most pendeln zu müssen.

Senem bestellt einen Nescafé, ich nehme ein Bier. Zum ersten Mal seit heute Morgen können wir wirklich miteinander reden. An der Grabungsstätte ist sie voll und ganz auf ihre Arbeit konzentriert und achtet sehr auf ihre Worte. Ich bin als Journalistin gekommen, und in einer solchen Situation bestimmt das Büro der Staatsanwaltschaft, wie kommuniziert wird. Senem ist nicht befugt, der Presse etwas mitzuteilen, außerdem hat sie nicht die geringste Lust, von den Medien in den Vordergrund gerückt zu werden. Zabou hätte sie gern vor dem Massengrab fotografiert, aber das wollte Senem nicht.

Als wir am Tresen sitzen, erklärt sie mir, warum.

»Bei jeder Exhumierung kommen politische Vertreter und lassen sich vor dem Grab ablichten, damit sie sagen können, dass sie dort waren, dass sie das ernst nehmen. Damit will ich nichts zu tun haben. Meine Arbeit mache ich ausschließlich für die Hinterbliebenen, Punkt.«

Tatsächlich war heute Nachmittag eine Delegation erschienen, begleitet vom regionalen Vertreter des staatlichen Instituts für vermisste Personen. Zwei Autos, denen Männer in Anzug und Krawatte entstiegen, die ihre auf Hochglanz polierten Schuhe gegen Gummistiefel tauschten. Sie steuerten die Grube an, unterhielten sich mit dem Stellvertreter des Staatsanwalts, lauschten den Erläuterungen und sahen sich um. Danach schlüpften sie wieder in ihre polierten Schuhe und fuhren davon. Sie seien aus Tuzla und Sarajevo gekommen, hieß es. Währenddessen wurde in der Grube unentwegt gearbeitet. Es war ein merkwürdiger Kontrast zwischen den eleganten Anzügen der Besucher und den schlammverschmierten Overalls des Teams. Der Kontrast zwischen denen, die Hand anlegen, und jenen, die sich mit schönen Worten begnügen.

»Wie soll ich in Šejkovača nur mit diesen vielen Leichen umgehen«, sagt Senem und zündet sich eine Zigarette an. »Und mit dem Gestank.«

Ich denke an die große Lagerhalle zurück. Dort gibt es keinerlei Kühlungssysteme, nichts, was die weitere Verwesung der Leichname aus Tomašica aufhalten könnte. Das Gebäude hatte man nicht für diese Art von menschlichen Überresten vorgesehen, sondern für geruchs- und fleischlose Knochen. Wir haben jetzt Anfang Oktober, die Identifizierungsarbeit wird Monate in Anspruch nehmen, und die Opfer werden erst im nächsten Sommer bestattet, anlässlich der kollektiven Trauerfeier, die alljährlich für die Toten stattfindet, die man im Lauf des Jahres identifiziert hat.

»Ich kann das noch vorhandene Gewebe nicht einfach von den Knochen lösen. Dabei würde ich eventuell Gewehrkugeln entfernen oder andere Beweise zerstören. Es sprechen auch religiöse Gründe dagegen, aus Rücksicht auf die Angehörigen.«

Ich höre ihr zu, so seltsam ich diese Vorstellung finde, aber ich nehme an, dass sie gerade sämtliche Optionen durchgeht, selbst die ausgefallensten.

»Man müsste also einen Teil des Gebäudes tiefkühlen, aber ich weiß nicht, wie. Oder Kühlcontainer beschaffen. Aber das wird alles wahnsinnig teuer, ich weiß nicht, ob ich dafür einen Etat bekomme. Ich habe sogar schon daran gedacht, die Leichen nach Entnahme der DNA-Proben wieder unter die Erde zu bringen, und sie dann im Juni erneut auszugraben, für die Aufbahrung und die Trauerfeier. Aber das ist unmöglich. Nach diesen wenigen Monaten werden nicht alle vollständig verwest sein. Stell dir nur den Gestank vor, wenn man sie ausgräbt, für die Bestattung vorbereitet und die Särge während der Zeremonie stundenlang in der prallen Sonne stehen. Das können wir den Angehörigen nicht zumuten.«

Die kollektive Trauerfeier findet immer am 20. Juli statt, zur heißesten Jahreszeit. Ich bin mir des Problems bewusst. Senem nippt an ihrem Nescafé, sie wirkt konzentriert, findet aber keine Lösung.

»Ich habe die Anweisung erteilt, die Säcke in Šejkovača offen zu lassen, damit der Geruch sich etwas verflüchtigt. Zlatan hat mit der Reinigung begonnen, aber er ist ganz allein, er wird nicht Schritt halten können. Der Ärmste, wie soll er damit nur zurechtkommen.«

Dann fügt sie hinzu: »In meinen Augen ist das einzig Positive, dass viele Leichname vollständig sind. Außerdem haben fast alle Familien in dieser Region schon Blutproben abgegeben. Also dürfte es ein Leichtes sein, *Matches* zu erzielen. Ich bin zuversichtlich, dass die Identifizierung nicht lange dauern wird. Ein paar Monate vielleicht.«

Eine andere junge Frau gesellt sich zu uns, Esma, die Archäologin. Sie sondiert die Erde über dem Massengrab, um zu entscheiden, wo gegraben werden soll. Sie spricht perfekt Englisch, hat lange in Großbritannien gelebt und dort ihr Studium absolviert. Als ich sie frage, warum sie sich ausgerechnet für Bosnien entschieden hat, um ihrer Tätigkeit nachzugehen, antwortet Esma, auf diese Weise bedanke sie sich dafür, am Leben zu sein. Mehr verrät sie nicht über ihre eigene Geschichte. Sie redet lieber über ihre Arbeit, wie sie die Erde zum Sprechen bringt.

»Ich suche nach Stellen, wo sich die Farbe verändert, insbesondere nach rechteckigen Flächen. Die Natur bringt keine so regelmäßigen Formen hervor. Es handelt sich stets um Spuren, die ein Schaufelbagger hinterlassen hat. Manchmal graben wir einen bis anderthalb Meter tief, ohne etwas zu finden, wir sehen lediglich, dass die Erde wieder eine andere Färbung hat. Das bedeutet vermutlich, dass die anderen 1993 an dieser Stelle gegraben haben, als sie das Massengrab leeren und die Leichen nach Jakarina Kosa versetzen wollten, aber nicht fündig wurden und deswegen aufhörten. Vielleicht erinnerten sie sich nicht mehr an die genaue Stelle. Im Grunde weiß niemand, warum sie ihren Plan nicht komplett ausgeführt haben. Vielleicht dauerte es zu lange, war zu kompliziert. Oder sie glaubten, sie hätten es bereits geschafft. Sie werden sich wohl kaum die Mühe gemacht haben, die ausgebaggerten Leichen zu zählen.«

Senem zieht an der nächsten Zigarette, während sie ihrer Kollegin lauscht.

»Was ich nicht begreife«, sagt sie, »ist das Schweigen. Es muss ja Leute geben, die Bescheid wussten. Wie konnten sie das nur all die Jahre für sich behalten? Die Leichen hatten sie 1993, während des Kriegs, bei Nacht versetzt. Dafür wurde die Straße von Tomašica nach Jakarina Kosa gesperrt. Das wussten die Leute, zwangsläufig, weil man sie über die Sperre informiert hatte. Sie haben die Lastwagen vorbeifahren sehen. Sie haben den Gestank gerochen, der muss damals fürchterlich gewesen sein. Warum reden sie nicht darüber, nach so langer Zeit? Sie verweigern sich immer noch den Tatsachen.«

In dieser Gegend, in der eine Mehrheit von Serben lebt, schweigen alle. Niemand erwähnt, was vorgefallen ist, weder die Täter noch die Opfer. Offenbar ist Schweigen der Preis, der gezahlt werden muss, damit alle wieder nebeneinander existieren können. Für die Überlebendenverbände ist es sehr schwer, sich zu konstituieren und überhaupt Gehör zu finden.

Ich frage Senem, ob es ihrer Meinung nach das letzte Massengrab in dieser Region ist. Sie schüttelt den Kopf, ein klares Nein.

»Allem Anschein nach stammen die Leichen, die wir gerade gefunden haben, aus Hambarine und Čarakovo, aus all diesen Dörfern am linken Ufer der Sana, wo es im Juli 1992 zu Massakern kam. Wenn sich das bestätigt, heißt das, uns fehlen immer noch die Opfer aus dem Dorf Kozarac, das bereits im Mai 1992 verwüstet wurde, und auch die Opfer der Hinrichtungen in Vlašič, die im August 1992 stattfanden. Wo sind diese Leichname? Ich weiß es nicht. In dieser Region gelten noch 1200 Menschen als vermisst. Selbst wenn wir in diesem Massengrab 600 finden, ist das bloß die Hälfte.«

Hambarine, Čarakovo, Kozarac, Vlašič. Seit drei Jahren besuche ich diese Gegend und beherrsche allmählich deren Geografie, die aus schmerzlichen Erinnerungen und alltäglichen Anhaltspunkten besteht. Inzwischen ist für mich jeder Ortsname mit einer Geschichte verknüpft. Čarakovo ist das Dorf, in dem Sudbin lebt, er sieht meinem Bruder dermaßen ähnlich, dass man mich einmal für Sudbins Schwester gehalten hat. Er sagt, er sei privilegiert, weil er seinen Vater schon wenige Jahre nach dem Krieg aufgefunden hat, im Brunnen, in den man dessen Leiche geworfen hatte. In Vlašič wurde Velid, der Cousin meiner Freundin Mirela, als Neunzehnjähriger getötet. Dort wurde auch Rasim hingerichtet, der Vater von Nedžad, einem der Protagonisten unserer Web-Doku. Vater und Sohn waren beide Gefangene in der zum Lager umgewandelten Schule von Trnopolje, überlebt hat aber nur Nedžad. Heute arbeitet er im ehemaligen Lager, das wieder eine Schule ist. Mehr als 200 Männer wurden in Vlašič erschossen, am Rand einer Klippe mitten in den Bergen, und ihre Leichen anschließend in den Abgrund gestoßen.

Bei Kozarac muss ich an meinen Freund Ervin denken, besser bekannt unter dem Namen Švabo, »der Deutsche«, weil er angeblich wie ein Deutscher aussieht. Als 1992 der Krieg begann, war Švabo neunzehn, genau wie ich. Er hielt gerade einen Basketball in Händen, als der Krieg ihn überraschte. Das Dorf wurde von serbischen Streitkräften überfallen, seine Bewohner wurden verjagt oder ermordet, die Häuser in Brand gesteckt, in manchen befanden sich noch ganze Familien, etliche Männer wurden an Ort und Stelle erschossen, andere verprügelt, gefoltert und in die Lager der Region verschleppt, nach Keraterm, nach Omarska. Die Frauen, Greise und Kinder wurden auf die Straße hinausgetrieben, sie liefen fünf Kilometer zur Lagerschule von Trnopolje. Švabo hat überlebt, weil er jünger wirkte, als er war. Im Lager gab er sich als fünfzehnjähriger Halbwüchsiger aus und wurde in einen Bus gesteckt, der Frauen und Kinder auf die andere Seite der Frontlinie transportierte. Kaum war er aus dem Bus gestiegen, schloss er sich der bosnischen Armee an, damals praktisch die einzige Option für einen jungen Mann von neunzehn Jahren, und verbrachte dort vier Jahre, zunächst mit einer Waffe, später mit einer Kamera in der Hand. Zur Kamera ist er übergegangen, als ein Freund sich beim russischen Roulette vor seinen Augen erschoss, er hatte es gespielt wie ein kleiner Junge, der sich selbst das Fürchten lehren will. »Danach konnte ich keine Waffe mehr in die Hand nehmen«, erzählt Švabo. »Und so habe ich mit dem Filmen angefangen.« Er vertraut mir an, dass er nachts manchmal aus dem Schlaf fährt, wenn er von Kriegsvisionen heimgesucht wird. Das erklärt er sich so: Während des Kriegs habe sein Körper sich an die ständigen Adrenalinschübe gewöhnt, und nun, da es vorbei ist, erzeugt er sie mit seinen Träumen.

Draußen bricht die Nacht herein. Senem hat ihren Nescafé und ich habe mein Bier ausgetrunken. Esma ist bereits schlafen gegangen. Als ich das Hotel verlasse und auf die Straßen von Prijedor hinaustrete, sage ich mir, das war bestimmt das eigentümlichste Tresengespräch, das ich je geführt habe.

3

»WARUM MUSSTEN
SIE SIE DENN SO TIEF
VERGRABEN?«

Am nächsten Morgen machen Zabou und ich einen Umweg über Prijedor, um Nemanja abzuholen, einen jungen Mann Ende zwanzig, der für uns dolmetschen soll. Nemanja ist Serbe. Einen Großteil des Krieges hat er hier verbracht, bevor seine Eltern ihn nach Serbien schickten, zur Familie seiner Mutter. Damals war er sieben Jahre alt. Er hat sich bereit erklärt, uns zu helfen, weil der Kontakt über seinen Freund Sudbin – der meinem Bruder so stark ähnelt – erfolgte, und auch, weil er Geld braucht. Seine Mutter ist die Einzige in der Familie, die arbeitet. Nemanja hat zwar Architektur studiert, aber er findet höchstens einen Praktikumsplatz. An einem Massengrab zu dolmetschen, in dem bosnische Kriegsopfer verscharrt wurden, ist bestimmt nicht sein Traumjob, aber so kann er etwas Zeit überbrücken, bis sich neue Perspektiven eröffnen. Tatsächlich träumt er davon, Bosnien zu verlassen und nach Amsterdam oder in eine andere ausländische Stadt zu gehen. Hier gibt es nichts. Absolut nichts.

Ich brauche Nemanja, um mit den Hinterbliebenen zu reden, die am Massengrab ihrer vermissten Angehörigen gedenken. Mit dem Team und dem Vertreter der Staatsanwaltschaft kann ich mich auf Englisch verständigen, aber mit den Familien ist das heikler. Jeden Tag kommen Menschen, um das Grab zu sehen, um ein Gebet zu sprechen, in der Hoffnung, einen

46

Hinweis auf den Verbleib ihrer Ehefrau, ihres Bruders, ihres Kinds zu entdecken.

Und es sind auch die Familien, die das Team zu Mittag mit Essen versorgen. Die Überlebendenverbände haben sich untereinander abgestimmt, damit täglich für alle eine warme Mahlzeit ausgegeben wird. Außerdem haben sie Geld gesammelt, um einen zweiten Schaufelbagger zu mieten und die Grabungsarbeiten auf diese Weise zu beschleunigen.

Wenn die Hinterbliebenen hier sind, verändert sich die ganze Atmosphäre. Das methodische, konzentrierte Vorgehen, um möglichst schnell voranzukommen und sämtliche Leichen zu bergen, bevor es Winter wird und Schnee fällt, die professionelle Distanz – all das ist auf einmal wie weggeblasen, und es gibt nur noch den blanken Schmerz der Überlebenden. Das Team wird langsamer, schweift in Gedanken ab, es ist, als hänge etwas wie eine dumpfe Mahnung in der Luft: Nicht die Toten leiden, diese Last und dieses Privileg ist den Lebenden vorbehalten.

Heute Mittag kommen zwei Frauen in einem roten Kombi angefahren, mit dem Kofferraum voller Proviant. Sie haben sich beide ein Kopftuch umgebunden, wie es die Frauen hier machen, wenn sie einen Friedhof oder eine Moschee betreten, und gehen auf die Grube zu. Auf den Gestank waren sie nicht gefasst, so wenig wie alle anderen, mit einem Zipfel ihres Kopftuchs bedecken sie sich Mund und Nase. Sie werden vom Vertreter der Staatsanwaltschaft begrüßt, so hält er es mit allen Hinterbliebenen, die hierherkommen, er steht für sie bereit und beantwortet ihre Fragen. Die beiden Frauen verharren lange am Rand der Grube, lauschen seinen Ausführungen, die er mit Gesten unterstreicht. Die Ältere verschränkt die Arme vor der Brust, zieht an ihrem grauen Pullover, als fröre sie, weint hinter ihrer Brille. Die Jüngere, in Jeans und schwarzem Pulli, nimmt sie in den Arm. Ihre Espadrilles sind mit orangerotem Schlamm bespritzt. Schließlich dreht die Ältere sich um, sie kehren beide zum Auto zurück, bald ist Essenszeit, und die Leute wollen versorgt werden.

Ich muss mich dazu überwinden, die Ältere anzusprechen. Von Nemanja unterstützt, erkläre ich ihr, dass ich Journalistin bin. Ob ich mit ihr reden könne? Aber ja, natürlich. Sie versucht, ihre Gefühle zu beherrschen, ich würde sie gern um Entschuldigung bitten, ich wolle sie auf keinen Fall nötigen, sage ich, aber sie antwortet, es sei kein Problem, und fängt sich wieder. Sie heißt Mirzeta, sucht sowohl nach ihrem Mann als auch nach ihrem Bruder und ihrem Schwiegersohn, die alle seit 1992 vermisst werden, genau wie die Ehemänner von drei ihrer Schwestern. Vielleicht werde sie hier endlich fündig. Kaum hat sie sich zur Grube umgedreht, fließen wieder die Tränen. »Warum mussten sie sie denn so tief vergraben?«, fragt sie plötzlich mit belegter Stimme. »Warum so tief unter der Erde?« Ihre Augen sind müde, ich vermag ihr Alter nicht zu schätzen, vielleicht ist es das Alter des Leids, das alle erschöpft und beschädigt, Jüngere wie Ältere. »Haben Sie das gekocht?«, frage ich. Ich muss uns beide, sie und mich, an ein sichereres Ufer steuern, damit wir den Boden unter unseren Füßen spüren, damit wir nicht in dieser Flut von Leid ertrinken, die sich über die Grube ergossen hat. »Ja, meine Nachbarin und ich haben Suppe und Börek gemacht, möchten Sie? Es ist genug für alle da!«

Mirzeta wuchtet zwei große Kochtöpfe aus dem Kofferraum, sie hat auch Geschirr mitgebracht, Teller aus geblümtem Porzellan, die sie auf dem grünen Plastiktisch abstellt, ein Caterer hat ihn gestern vorbeigebracht; außerdem Brot, Flaschen mit

Wasser und Limonade, Becher, emsig serviert sie Suppe und dicke Scheiben Weißbrot, während ihre Freundin das noch warme, in Alufolie gewickelte Börek verteilt. Als alle versorgt sind, lässt Mirzeta sie essen und schwatzen, setzt sich in die Ecke der Rückbank in ihrem roten Auto mit den offenen Türen, zündet sich eine Zigarette an und raucht, stumm, den Kopf auf die Faust gestützt, die einen Teil ihres Gesichts verdeckt. Sie blickt ins Leere.

Dann steht sie wieder auf und kommt zu uns. »Wollt ihr nicht auch ein bisschen Suppe?« Überall auf der Welt setzen Frauen auf den Trost einer warmen Suppe, wenn das Universum ins Wanken gerät. Ich muss an das Stück Schokolade denken, das Senem mir kürzlich angeboten hat, »was Süßes«. Ich sehe sie mit ihren Kollegen rauchen, einer stellt sich etwas abseits, um zu telefonieren, Senem lacht über einen Scherz, dann steigen alle wieder in die Grube hinunter, während die Teller und Löffel wieder eingepackt und die Kochtöpfe in den Kofferraum zurückgestellt werden. Mirzeta fährt mit ihrer Nachbarin heim, es wird weitergearbeitet, der Bobcat startet, die Schaufelbagger auch. Esma hat eine neue Stelle zum Graben entdeckt, anhand der Bodenfarbe, der Umrisse, allzu geradlinig, um naturgegeben zu sein. Der Bobcat schlägt seine Schaufel in die Erde, gräbt geduldig eine Stunde lang, Ladung um Ladung, vorsichtig, um nicht die menschlichen Überreste zu beschädigen, die sich möglicherweise dort unten befinden. Esma springt in den Graben, um die Schaufel zu führen, es sind nur noch ihre dunkelblaue Schirmmütze und der blonde Pferdeschwanz zu sehen, der darunter hervorlugt, dann hebt sie die Hand, Halt, ein weiterer Stapel Leichname kommt zum Vorschein.

Am Nachmittag treffe ich Fikret. Wir kennen uns nicht, aber wir haben eine gemeinsame Freundin, Seida, die für einen Überlebendenverein tätig ist. Sie hat den Kontakt vermittelt. Fikret kommt in Begleitung eines jungen Paars, vielleicht sind es Freunde, sie haben einen kleinen Jungen dabei, etwa achtzehn Monate alt, den der Vater tief und fest schlafend aus dem Auto hervorholt und auf den Arm nimmt. Er legt den wackelnden Kopf des Kleinen an seine Schulter. Sie gehen alle zusammen zur Grube, dann bleibt der Vater stehen und reicht den Jungen an seine Frau weiter. Sie rührt sich nicht von der Stelle, während Fikret und der junge Mann sich der Absperrung nähern. Seine Schultern fangen an zu beben, sein Schluchzen weckt den Kleinen schließlich. Er schlägt die Augen auf und blickt ernst auf diese Landschaft und diese Gesichter, die ihm fremd sind; in den Armen seiner Mutter geborgen, runzelt er die Stirn.

»Ich habe im Krieg niemanden verloren«, sagt die junge Frau auf Englisch und dreht sich zu mir. »Ich habe niemanden verloren, und trotzdem weine ich. Ich glaubte, ich könnte ihm eine Stütze sein, dabei bin ich diejenige, die weint. Er schafft es nicht einmal mehr, so groß ist sein Schmerz. Ich denke an mein Kind und sage mir: Was, wenn ich ihn hier suchen müsste? Man bringt doch kein Kind zur Welt, um es an einem solchen Ort suchen zu müssen. Ich verstehe es nicht. Ich verstehe nicht, wie ein Mensch einem anderen Menschen so etwas antun kann.«

Fikret verharrt am Rand der Grube, dicht an der Polizeiabsperrung, die Hände im Rücken verschränkt. Er ist nicht zum ersten Mal in Tomašica. Seit Beginn der Grabungen ist er immer wieder hier gewesen, wie jedes Mal, wenn er von einem neuen Massengrab hört, das in dieser Region entdeckt wurde.

»Seit zwanzig Jahren suche ich nach meiner Familie. Ich bin hergekommen, weil hier Anlass zur Hoffnung besteht«, sagt er mit so ruhiger Stimme, dass man ihn für emotionslos halten könnte, wären da nicht seine sprechenden Augen. Er hat seine Frau Minka verloren, seinen Sohn Nermin, zwölf Jahre, und seine Tochter Nermina, sechs Jahre, sie wurden im Juli 1992 im Dorf Zecovi getötet. Damals war Fikret nicht da. Er arbeitete in Deutschland. Das hat ihn gerettet, und genau das kann er sich nicht verzeihen. Nach dem Krieg kehrte er baldmöglichst zurück, und seitdem sucht er ein Massengrab nach dem anderen auf.

Er mustert die Grube, begrüßt das Team. Inzwischen dürften sie sich kennen, denke ich, die Gerichtsmediziner und er. Mir fällt die Mutter ein, von der Senem mir drei Jahre zuvor erzählt hatte, sie suchte nach ihrem jugendlichen Sohn, und auch sie begab sich zu jedem neuen Massengrab, von ihrer Hoffnung angetrieben.

Der Kleine wird ungeduldig, er möchte abgesetzt werden, allein herumgehen, er hat die Arme seiner Mutter satt, die sich zu uns gesellt hat und sich als Dolmetscherin anbietet, was dazu führt, dass Nemanja untätig und außen vor bleibt. Fikret betrachtet den Jungen, sein Blick ist zärtlich. Hätten seine Kinder überlebt, wäre er heute vielleicht Großvater, würde mit einem ähnlichen kleinen Jungen spielen, ihn auf seinen Schultern tragen.

Ich frage ihn, was er für die Person empfindet, die diesen Ort preisgegeben hat. »Dankbarkeit«, sagt er ohne zu zögern, »weil ich jetzt wieder die Hoffnung habe, meinen Sohn, meine Tochter, meine Frau zu finden.«

Die Hoffnung kann ich nachvollziehen, aber wie kann man angesichts eines Grabs Dankbarkeit empfinden?

»Mein Gewissen lässt es zu«, antwortet Fikret. »Ich bin diesem Mann dankbar. Gäbe es mehr wie ihn, hätte man bereits alle Vermissten gefunden.«

Im neuen vom Bobcat ausgehobenen Loch bemühen sich zwei Mitglieder des Teams, einen Haufen verschlungener Leichname zu bergen. Am Vortag hat Esma mir erklärt, wie stark sie oft ineinander verkeilt sind, weil sie erst auf der Ladefläche des Lastwagens zusammengepfercht wurden und dann tonnenweise Erde auf ihnen lastete, mehr als zwanzig Jahre lang. »First in, last out, wer zuerst hineingeworfen wurde, kommt als Letzter heraus«, brachte sie für mich die Logik der Ausgrabung auf den Punkt. »Wenn man das im Hinterkopf behält, schafft man es irgendwann, sie voneinander zu lösen.«

Am Rand der Grube verfolgt jetzt eine Frau in ihren Fünfzigern mit rosa T-Shirt und schwarzer Weste die Arbeit des Teams. »Ich suche ein blaues Hemd. Mein Mann trug ein blaues Hemd, als sie ihn mitgenommen haben.« Mirsada lässt den Blick rund um die Grube schweifen, in der linken Hand hält sie ihre Sonnenbrille, in der rechten Armbeuge balanciert sie ihre schwarze Handtasche.

»Er war 35. Wir hatten drei Kinder. Sie haben auch den Ältesten mitgenommen, er war dreizehn, sie wurden beide im Lager von Keraterm interniert. Später haben sie den Jungen ziehen lassen. Meinen Mann haben sie getötet.«

Mirsada sucht mit ihren Augen immer noch die Grube ab.

»Ich war noch nie an einem solchen Ort. Erstaunlich, mit so etwas hatte ich nicht gerechnet.«

Unten gräbt, stochert, hackt das Team weiter, der nächste Körper wird auf einen weißen Leichensack gelegt, der Sack wird zu den Brettern getragen, nummeriert und fotografiert.

Der älteste Sohn lebt inzwischen in Frankreich. Als er vom Massengrab erfuhr, reiste er so bald wie möglich ab. Er ist am Vorabend angekommen, denn er will es mit eigenen Augen sehen. Mirsada kann ihn verstehen.

»Ich wollte den Ort sehen, an dem mein Mann sich die letzten zwanzig Jahre befunden hat. Jetzt geht es mir besser, weil ich hier bin. Vielleicht, weil es hier Hoffnung gibt. Das ist bestimmt der Grund.«

Nemanja übersetzt in seinem manchmal stockenden Englisch. Später erklärt er mir, dass es für ihn schwer ist. Nicht das Englische, sondern sich hier aufzuhalten, an diesem Ort. Das Bedrückendste sei, sich dem Blick der Angehörigen zu stellen.

»Wenn sie mit mir sprechen, blicken sie mir in die Augen. Die Vorstellung ist schlimm, dass Leute aus meiner Gemeinschaft ihnen das angetan haben.«

Er überlegt eine Weile. »Es sollte in Prijedor eine Gedenkstelle geben für diese vielen Toten. Schließlich gibt es dort schon mehrere Ehrenmale für die gefallenen Serben, aber nichts für die Moslems. Es wäre nur gerecht, etwas für sie zu tun.«

Aus dem Mund eines jungen Serben aus Prijedor ist das eine gewichtige Aussage. In der Stadt hört man, die »Moslems« seien aus freien Stücken gegangen, Massaker habe es nie gegeben, erst recht keine ethnische Säuberung. Die Verleugnung, von der Senem gestern an der Bar sprach, ist überall präsent, sie äußert sich nicht nur durch Schweigen, sondern auch in Form von Revisionismus. Ich bin mir nicht sicher, ob Nemanja jedem von seinem bescheidenen Dolmetscherjob erzählt.

Gegen Abend parkt ein kleines grünes Auto neben den Geländewagen. Sudbin ist gekommen, mein und Nemanjas gemeinsamer Freund. Er holt die Gummistiefel vom Rücksitz. Auch er ist nicht zum ersten Mal hier, er weiß, wie stark der Schlamm an den Schuhen haftet.

Sudbin plaudert mit Nemanja, winkt dem Team zu, gibt Senem ein Zeichen. Sie kennen sich über die Arbeit. Sudbin ist beim Verein Prijedor 92 beschäftigt, in dem sich ehemalige Gefangene aus den Lagern der Region zusammenschließen.

Er zählte zu den Ersten, die man benachrichtigte, als das Grab Anfang September entdeckt wurde.

»Der Typ vom Institut für vermisste Personen rief an und sagte zu mir: ›Ich habe großartige Neuigkeiten, Sudbin. Wir haben ein Massengrab gefunden, und es ist riesig.‹«

Sudbin lacht schallend. »Großartige Neuigkeiten! Was sagt man dazu? Ich lebe in einem Land, wo ein Grab mit Hunderten von Opfern als großartige Neuigkeit gilt!«

Sudbin bin ich zwei Jahre zuvor das erste Mal begegnet, 2011 in der Leichenhalle von Šejkovača, dank Senems Vermittlung. Er wohnt ganz in der Nähe, und so haben wir uns aufgrund praktischer Erwägungen dort verabredet. Ein merkwürdiger erster Treffpunkt, aber eben leicht zugänglich und uns beiden vertraut.

Sudbin hatte mir von seinem Sommer 1992 erzählt, dem Sommer, in dem er achtzehn war. Er stand in Prijedor kurz vor dem Abitur, hörte Nirvana und Freddie Mercury und träumte davon, Architektur oder Medizin zu studieren. Das Schuljahr war seltsam gewesen. Kaum hatte im August 1991 der Krieg im benachbarten Kroatien begonnen, verschwanden die Porträts von Tito, die in den Klassenzimmern prangten. Die Noten mancher Schüler wurden plötzlich schlechter, ohne erkennbaren Grund. Einige Lehrer schwangen jetzt im Unterricht nationalistische Reden und wiesen auf die Notwendigkeit hin, das serbische Volk zu schützen, das ihnen zufolge bedroht war. Angst und Argwohn breiteten sich immer stärker aus in dieser Stadt, in der die unterschiedlichen Gemeinschaften bis dato friedlich zusammenlebten. »Eine Art kollektiver Wahn«, hatte Sudbin erklärt.

Im Lauf des Winters war bereits eine serbische Parallelverwaltung entstanden, die sich »Krisenkomitee von Prijedor« nannte. In Funk und Fernsehen war von Gewaltakten die Rede, die an den Serben in Kroatien begangen wurden. Die Erinnerung an die Gräueltaten, die während des Zweiten Weltkriegs an ebendieser Gemeinschaft verübt worden waren, wurde immer wieder heraufbeschworen. Man beschuldigte die Bosniaken, einen muslimischen Staat gründen zu wollen. Als das Land im März 1992 durch eine Volksabstimmung, die von den Serben mehrheitlich boykottiert wurde, über seine Unabhängigkeit befinden sollte, brachten die Einheiten des Krisenkomitees den einzigen Fernsehsender der Region unter ihre Kontrolle. Fortan stellte sich nichts und niemand der Propaganda entgegen: Bosniaken und Kroaten bedrohten das Überleben der serbischen Nation, man müsse sich zur Wehr setzen. Als dann Waffen an die Stadtbewohner verteilt wurden, war das nur die letzte Etappe einer systematischen Indoktrinierung, die sich über Monate hingezogen hatte. In den Augen mancher handelte es sich nun um Selbstverteidigung, nicht um ethnische Säuberung.

In jenem Sommer hatten die Ferien früher begonnen. Sudbin erinnerte sich, dass ein Lehrer seinen Schülern eine schöne Zeit wünschte und dafür seltsame Worte wählte: »Wir sehen uns im Herbst, jedenfalls diejenigen unter euch, die überlebt haben werden!« Damals konnte Sudbin es nicht glauben. Es war alles vollkommen surreal, sogar als die ersten Bomben auf die bosnischen Dörfer jenseits der Stadt fielen, sogar als sich die ersten Gerüchte herumsprachen, die Schule in Trnopolje, die Keramikfabrik von Keraterm und die Mine von Omarska seien in Lager umgewandelt worden, sogar als die Stadt Prijedor von serbischen Truppen unter der Führung von Ratko Mladić und Radovan Karadžić mit einem Netz von Kontrollpunkten überzogen wurde. Im Lauf des Sommers räumte man die Region Dorf für Dorf von ihren bosnischen und kroatischen

Bewohnern. Das Dorf Čarakovo, in dem Sudbin mit seinen Eltern, seinem sechzehn Jahre alten Bruder und seinen Schwestern im Alter von vierzehn und zwölf Jahren lebte, und auch das benachbarte Zecovi, Fikrets Dorf, wurden den ganzen Juni und Juli über von serbischen Truppen umstellt. Es gab keinen Strom, kaum etwas zu essen, aber auch keine Möglichkeit, sich in Sicherheit zu bringen. Und dann hörte die Familie am 20. Juli, wie in Zecovi geschossen wurde. Abends trafen ein paar wenige Bewohner dieses Dorfes, denen die Flucht gelungen war, in Čarakovo ein und berichteten von den standrechtlichen Erschießungen, den Leichen, die man einfach in den Gärten hatte liegen lassen. Sudbin meinte, dass sie all das selbst in diesem Augenblick nicht glauben konnten.

Drei Tage später besetzten Soldaten und Polizisten Čarakovo. Sudbin war zu Hause, wie seine Mutter, sein Bruder und seine Schwestern. Sein Vater war zur Feldarbeit aufgebrochen. Bewaffnete Männer drangen in das Haus der Familie ein, brüllten die Mutter an, sie solle ihnen ihr Geld und ihren Schmuck geben, dann zeigten sie mit dem Finger auf Sudbin und seinen Bruder. »Was machen wir mit denen?«

»Sie sollen ans Flussufer gehen!«, rief derjenige, der offenbar ihr Anführer war.

Erst als er mit seinem kleinen Bruder zur Uferböschung des Flusses ging, in dem sie sonst schwammen und wo er nun Leichen im Wasser treiben sah, glaubte Sudbin den Worten seines Gymnasiallehrers. Er betete, dass der Tod ihn so schnell wie möglich ereilte.

Sudbin deutet auf die Grube, seine Stiefel versinken im Schlamm. »Als ich das allererste Mal hierhergekommen bin, hatten die Grabungen kaum begonnen. Mein Freund Mirsad begleitete mich. Er hat im Juli 1992 vierzehn Angehörige verloren und bisher niemanden gefunden. Kannst du dir vorstellen, wie viel Hoffnung ihm das jetzt gibt?«

Mirsad ist Vorsitzender des Vereins, für den Sudbin arbeitet. Er bemüht sich, diese ganze Geschichte in die Öffentlichkeit zu tragen, durch Demonstrationen, Aktionen, Gedenkveranstaltungen, damit sie eben nicht im Schweigen oder im Revisionismus untergeht. Das ist keineswegs leicht. Als ich Mirsad im Mai 2011 traf, nur wenige Tage nach meiner ersten Begegnung mit Sudbin, hatte man gerade Ratko Mladić verhaftet, nachdem er sechzehn Jahre lang auf der Flucht gewesen war. An diesem Tag hatten wir uns alle im Vereinssitz eingefunden, einem kleinen Büro im ersten Stock eines Gebäudes in Prijedor, direkt über einem Café. Sudbin surfte wie besessen auf den Nachrichtenwebsites herum. »My God, my God … What a great moment! Mein Gott, was für ein fantastischer Moment!«, wiederholte er auf Englisch, während auf seinem Computerbildschirm Fotos des ehemaligen Generals vorbeidefilierten. »Ich bin ein Opfer dieses Blödmanns«, rief er mir zu. »Aber ich will mich nicht als Opfer eines Serben sehen. Ich bin Opfer eines Kriegsverbrechers. Peiniger und Opfer haben keine Nationalität. Für Kriegsverbrechen gibt es keine kollektive Verantwortung.«

In der Stadt war am selben Tag nichts von dieser Meldung zu merken. Im Café strahlte der Fernseher die üblichen Musikvideos aus, niemand zappte, um einen Nachrichtensender zu finden. In den Zeitungskiosken war keine einzige Schlagzeile über die Verhaftung zu sehen. Diese Geschichte haben sie alle gemeinsam erfahren, die Serben, die Bosniaken und die Kroaten, ihrer öffentlich zu gedenken, scheint aber eine unüberwindliche Hürde zu sein. Sudbin kann davon ein Lied singen: Unterwegs in der Stadt war er mehrmals dem Mann begegnet, der ihm und seinem Bruder das Leben gerettet hatte, aber dieser wandte stets den Blick ab, und Sudbin meinte, in seinem

Gesicht Furcht erkannt zu haben. Davor hatten sie sich das letzte Mal am Flussufer gesehen, am 23. Juli 1992, als Sudbin mit seinem Bruder auf die Böschung zuging. Der Mann, ein serbischer Kollege von Sudbins Vater, hatte die beiden Jugendlichen erkannt. »Kehrt sofort um!«, schrie er. Er nahm die Jungen bei der Hand und schleifte sie zu den Bussen, die wartend am Straßenrand standen. »Steigt in den letzten ein. Auf keinen Fall in den ersten.« Die zwei Jugendlichen landeten im Lager von Trnopolje, wo sie ein paar Tage später auf ihre Mutter und ihre Schwestern trafen. Dort erfuhr Sudbin, dass der erste Bus das Lager von Keraterm angesteuert hatte, wo man sämtliche Männer, die mitgefahren waren, erschoss. Im Lauf dieses einen Julitags im Jahr 1992 verschwanden in Čarakovo 394 Personen. Einige von ihnen befinden sich höchstwahrscheinlich im Massengrab von Tomašica, in dieser Grube, die wir beide betrachten, die ich seit drei Tagen beobachte.

»Ich hatte immer Glück«, sagt Sudbin. »Ich hatte immer Schutzengel.« Diesen Soldaten zum Beispiel, der ihm erlaubte, das Lager mit seiner Familie zu verlassen, als ein Buskonvoi Frauen und Kinder zur Frontlinie brachte, obwohl er schon volljährig war und bei den männlichen Gefangenen hätte bleiben müssen. Und dann diesen Busfahrer, der darauf achtete, dass seine Fahrgäste etwas zu trinken hatten, und keinem einzigen Soldaten erlaubte, bei ihm einzusteigen. Die Busse, die unmittelbar danach das Lager verließen, fuhren alle in die Berge von Vlašić, wo 228 Männer erschossen wurden.

Vor allem hatte er das Glück gehabt, 1998, zwei Jahre nach Kriegsende, seinen Vater zu finden, den man in einem Feld getötet hatte. Die Leiche hatte man in einen Brunnen geworfen, zusammen mit vier anderen Männern. So konnte er »schon« sechs Jahre nach seinem Tod bestattet werden.

»Und was sagt Nemanja zu all dem?«, fragt Sudbin.

»Ich weiß es im Grunde nicht. Ich glaube, es belastet ihn. Du solltest ihn selbst fragen.«

Sudbin schüttelt den Kopf. »Er ist ein sehr empfindlicher Mensch.«

Als wir die Grube verlassen, beschließen wir – Nemanja, Zabou und ich –, vor den beiden Häusern innezuhalten, die ein paar hundert Meter entfernt am Hang stehen. Eins kann man von der Grabstelle aus sehen, ein kleines weißes Gebäude am unteren Wegende. Wir sind uns alle drei sicher, dass man uns umgehend abweisen, dass niemand bereit sein wird, mit uns zu reden, aber einen Versuch ist es wert. Ich ringe nach Luft, als Nemanja uns dem Großmütterchen, das aus einem der Häuser tritt, ohne Umschweife als »zwei französische Journalistinnen« vorstellt, die sich »das Massengrab ansehen wollen«. Damit macht er doch all unsere Chancen zunichte. Musste er denn unbedingt den Ausdruck *Massengrab* verwenden? Hätte er nicht *Grabungsarbeiten* nehmen können oder *Grabungsstätte* oder *wie dort oben gearbeitet wird*, irgendeine Umschreibung, um das Wort zu vermeiden, das die Gemüter erregt? Seit ich diese Region regelmäßig besuche, habe ich mich ebenfalls von diesem Schweigen anstecken lassen. Ich achte auf meine Ausdrucksweise, auf die Themen, die ich anspreche. Ich habe selbst schon den Begriff *ethnische Säuberung* durch den Euphemismus *die Vorkommnisse* ersetzt, darauf bedacht, das Gespräch fortsetzen zu können, und zugleich beschämt, weil ich zur Verleugnung des historischen Geschehens beitrug. Wenn ich das tue, habe ich jedes Mal das Gefühl, Freunde wie Sudbin oder Švabo zu verraten, die darum kämpfen, dass die Dinge beim Namen genannt werden.

Die alte Frau erwidert, sie könne dazu nichts sagen, rein gar nichts, sie sei während des Krieges hier gewesen, habe aber nichts gesehen und nichts gehört, rein gar nichts. Ich bohre nicht weiter. Ihr Mann kommt dazu, dann der Nachbar von gegenüber, aus diesem weißen Häuschen, ein Mann in seinen Sechzigern, mit tätowiertem Oberkörper und rasiertem Schädel. Ich rechne bereits mit der resoluten Aufforderung, ich solle mich auf der Stelle zum Teufel scheren, aber der Nachbar fängt an, Deutsch zu sprechen, erklärt, er fühle sich schlecht wegen dieses Massengrabs, er fühle sich schlecht wegen der Hinterbliebenen. Er heißt Bore, er war während des Kriegs nicht hier, auch nicht davor und nicht danach, lebte seit 1968 in Deutschland, kam nur in den Ferien hierher, ehe er vor einem Jahr endgültig zurückkehrte, als Rentner.

Keine zehn Minuten nach unserem Vorstoß unterhalten wir uns im Garten, unter wildem Wein, der typisch ist für die Häuser der Gegend und uns vor der Sonne schützt, mit Bore, der offenkundig ein großes Mitteilungsbedürfnis hat. Er erzählt vom Anruf eines seiner Söhne aus Belgien, vor einem Monat: »Er hat mich gefragt: Was ist denn los in Tomašica, was ist das für eine Geschichte? Und ich wusste überhaupt nicht, was er meint. Welche Geschichte? Er sagte: Es heißt, dort wurde ein Massengrab gefunden. Ein Massengrab? Wie grauenhaft. Ich fühlte mich dermaßen schlecht. Ein Massengrab vor meiner Haustür. Und ich dachte: Jetzt kann ich nachvollziehen, wie sich die Bewohner von Dachau oder Auschwitz fühlen.«

Ein paar Tage nach dem Anruf hat er die Geländewagen der Ermittler gesehen, dann die Autos derjenigen, die er ohne nachzufragen als Angehörige der Vermissten ausmachte, die sich vor Ort ein Bild machen wollten. Als es anfing und die Straße noch matschiger war als jetzt, bevor man sie mit gewaltigen Mengen Kies befestigte, um dem Konvoi von Schaufelbaggern den Weg zu ebnen, hatte Bore sein Gartentor geöffnet und den Hinterbliebenen angeboten, ihre Autos bei ihm zu parken, damit sie weiter oben nicht im Schlamm stecken blieben. Er sagt, er fühle sich schuldig. Wegen ihres Blicks.

Bore beteuert, vor dem Anruf seines Sohns habe er von alldem nichts geahnt. Danach fielen ihm aber die Geschichten seines Vaters wieder ein, der während des Krieges hiergeblieben war, in dem Haus, das nun Bore bewohnt. Er hatte von Lastwagen erzählt, die über Wochen am Haus vorbeigefahren waren, immer hin und zurück. »Nach dem Telefonat habe ich mich an diese Geschichte erinnert. Die Lastwagen. Mein Vater wusste nicht, was sie transportierten, und ich habe nicht nachgefragt.«

Das greise Ehepaar hört schweigend zu. Bestimmt haben auch sie die Lastwagen gesehen, den Todesgestank gerochen, der von ihrer Ladung ausging. Das Großväterchen erhebt sich. »So können wir doch nicht herumsitzen, mit trockener Kehle, ich hole jetzt den Rakija.« Er bringt die Flasche, die Gläschen her, eine Runde für alle, dann eine zweite. Danach müssen wir auch die Trauben probieren, wir naschen von den schweren Büscheln, die über unseren Köpfen hängen. Als wir aufbrechen wollen, geht das Großmütterchen ins Haus und kommt mit einem Glas eingelegten Paprika zurück, die hier geerntet wurden.

»Dann sehen sie, dass wir keine Unholde sind«, sagt sie auf Serbokroatisch zu Nemanja. Bevor er das übersetzt, wartet er, bis wir alle im Auto sitzen.

Abends fahre ich mit Zabou zu Sudbin. Es ist das erste Mal, dass ich ihn besuche, in diesem Haus, aus dem man ihn und seine Familie vertrieben und das er wieder bezogen hat, mit seiner Mutter und seinen Schwestern, die beide ledig sind, wie Sudbin. Nach dem Ende des Kriegs sind sie bald heimgekehrt, nachdem sie ein paar Jahre im Exil verbracht hatten, erst in Kroatien, dann in der Tschechoslowakei und schließlich in Deutschland. Als sie ihre Rückkehr nach Bosnien planten, meinte der kleine Bruder – der damals als Sechzehnjähriger mit Sudbin auf die Uferböschung der Sana zugegangen war –, dazu fühle er sich nicht imstande. Er ist in die USA eingewandert, wo er eine Mexikanerin geheiratet hat. Die beiden haben einen kleinen Sohn, der noch nie einen Fuß in die Heimat seines Papas gesetzt hat.

Sudbin bietet uns Äpfel aus seinem Garten an, seine Mutter bringt geröstete Kastanien, Kekse und Säfte, der Couchtisch im Wohnzimmer ist über und über mit Köstlichkeiten bedeckt. Gastfreundschaft ist hier heilig. Im riesigen Fernseher läuft Eurosport, der Sender strahlt ein Fußballspiel aus, dann wird auf eine deutsche Serie umgeschaltet. Sudbin spricht über die Reisen, die er unternommen hat und gern noch unternehmen würde, über den nahenden Winter, der ihn deprimiert. »Das ist die Jahreszeit, in der man sich in Prijedor am liebsten umbringen würde, in der man sich am Ast des nächsten Nussbaums aufhängen möchte. Und trotzdem fehlt mir diese Stadt, wenn ich woanders bin.«

Ich denke an seine Frage zu Nemanja zurück und schlage vor, mit ihm gemeinsam darüber zu reden, wie sie die Geschichte ihrer Stadt angehen wollen. Sudbin scheint da seine Zweifel zu haben, verspricht aber, es sich zu überlegen. Am nächsten Morgen eröffnet mir Nemanja, dass er kein Gespräch möchte. Er habe nach unserem Besuch mit dem Freund darüber telefoniert, und auch Sudbin habe sich am Ende dagegen ausgesprochen.

Später stoße ich bei meiner Internetrecherche auf die Reportage von Bengt Norborg, einem schwedischen Fernsehjournalisten. Die Bilder sind von Januar 1996, kaum einen Monat nach

Unterschrift des Dayton-Vertrags, der das Ende des Krieges besiegelte.

In seiner Zeit als Balkankorrespondent in den 1990er Jahren wollte Bengt Norborg den Gerüchten nachgehen, die sich um Tomašica als Ort eines gigantischen Massengrabs voller Opfer der ethnischen Säuberung rankten. Er fuhr dorthin, befragte die Bewohner der Dörfer in der Umgebung. Die meisten weigerten sich zu reden, doch einer von ihnen sprach unter Wahrung seiner Anonymität über das Hin und Her der Lastwagen und Schaufelbagger. Ein anderer erwähnte ein Sammelgrab und Hinrichtungen. Es war von tausend Betroffenen die Rede.

Danach findet sich nichts mehr, und das über einen Zeitraum von fast zwanzig Jahren. Ich betrachte die Bilder der Reportage, die meisten von einem fahrenden Auto aus gefilmt: ausgebrannte Häuser, verschneite Landschaften, ein Mann, der im Auto redet, ein anderer bei sich zu Hause, im Gegenlicht, um nicht erkannt zu werden. Ob das Bores Vater war? Unmöglich, das herauszufinden. Kaum sind die Journalisten weitergezogen, hat das Schweigen wieder die Oberhand gewonnen.

4

WO IST
DER FRIEDEN?

Freitagmorgen machen wir uns nach Šejkovača auf. Drei Tage lang haben wir verfolgt, wie die Leichen aus der Grube geborgen wurden. Zabou fürchtet sich vor dem, was uns in der Leichenhalle erwartet, während ich recht gelassen bin. Die Toten machen mir weniger Angst als die Erinnerungen der Lebenden.

Es braucht einige Umwege, bis wir die Straße wiederfinden. Ich denke an das erste Mal zurück, dass wir hier waren, an den Weg, den wir bei Nebel und zu Fuß vom Busbahnhof aus zurückgelegt haben. Heute strahlt die Sonne, wir sind mit dem Auto unterwegs, und fast ist es so, als kämen wir unserem Ziel zu schnell näher.

Vor Ort scheint sich nichts verändert zu haben. Die Lagerhalle, der Bürocontainer, die Hundehütte, das Kabäuschen des Wachpolizisten, der uns wiedererkennt. Wir grüßen einander mit einem Lächeln. Ajša empfängt uns, auch sie erinnert sich an Zabou und an mich.

»Bisher seid ihr die einzigen Journalistinnen, die sich hierherbemüht haben, es wäre schön, wenn auch die bosnische Presse mal käme!«

In ihrer Stimme klingt ein Hauch Bitterkeit an und auch etwas Überdruss. Bevor wir reingehen, bietet sie uns Masken an, ich greife beherzt zu. Die Türen der Leichenhalle stehen weit offen, und der Verwesungsgeruch ist selbst im Freien noch wahrnehmbar. Ich befürchte, dass er drinnen, wo sich mehr als hundert Leichen befinden, unerträglich sein wird. Ajša denkt offenbar das Gleiche.

»Wie sollen wir hier nur arbeiten?«, fragt sie, wie in einem Selbstgespräch, als sie uns in die Halle begleitet. »Wie sollen wir atmen?«

Man habe auch früher schon riesige Massengräber gefunden, erläutert sie, aber sie mussten noch nie mit Leichen in diesem Zustand arbeiten.

»So gab es in Stari Kevljani nur Knochen. Ohne diesen Geruch. Den haben wir noch nie erlebt.« Das 2004 entdeckte Massengrab von Stari Kevljani enthielt die Überreste von 456 Opfern.

Die Lagerhalle wurde umgeräumt, um für die vielen Leichen Platz zu schaffen, die jetzt eintreffen und weiterhin eintreffen werden. Die fünfstöckigen Rollwagen stehen nun an den Wänden, damit möglichst viel Raum frei bleibt. Die Zwischenwand mit den Fotos der Vermissten trennt den Bereich der gewaschenen Leichen von jenem, in dem die Überreste in ihren erdverschmierten Säcken angeliefert werden. Zu Dutzenden liegen sie auf dem Boden, an einer Wand entlang.

Hinter der Vermisstenwand liegen die gewaschenen Körper, auf Untersuchungstischen oder einfach auf großen, am Boden ausgebreiteten Packpapierbögen. Wäscheständer, auf denen zerfetzte Kleidungsstücke trocknen, eine Levi's-Jeans mit schwarzem Gürtel, Leder-Loafers in derselben Farbe. Neben den menschlichen Überresten, die in anatomischer Reihenfolge angeordnet sind, liegen die persönlichen Gegenstände, die in den Taschen steckten, Objekte, die ihre Besitzer überlebt haben. Eine Brieftasche, ausgeblichene Fotos, eine Uhr, die stehengeblieben ist. Ein Armband. Ein D-Mark-Schein, mehr als dreizehn Jahre nach dem Aus für diese Währung. Ein Ring am Finger einer mumifizierten Hand, bei der Nägel und Haut deutlich zu erkennen sind. Ein Büschel Haare neben einem rot karierten Hemd.

Alles, was im Massengrab vermengt und verschlammt war, wird hier gewaschen, sortiert, geordnet. Die Körper sprechen eine eigene Sprache, erzählen durch die Positionen, in denen sie erstarrt sind, was ihnen widerfahren ist, dieser hier in seiner gekrümmten Haltung oder jener, dessen Füße nach innen verdreht sind, sodass die großen Zehen einander gegenüberliegen, sich berühren. Trotz Maske kann ich den Geruch kaum ertragen. Oder vielleicht fällt es mir einfach leichter, mich auf diese Sinneswahrnehmung zu konzentrieren als auf den Anblick, der sich mir gerade bietet.

Von draußen dringt das Geräusch des Kärchers zu mir, ein Dröhnen, das ich mittlerweile wiedererkenne. Wenn das Gerät verstummt, hört man die Vögel zwitschern, es hallt direkt von der Decke, offenbar kommen sie durch die weit geöffneten Fenster und Türen hereingeflogen. Vögel, die inmitten der Toten singen – auch dieses Bild wird mir in Erinnerung bleiben.

Unter dem Vordach wäscht Zlatan die Leichen, wie beim letzten Mal. Er befreit sie mit der Schere von ihrer Kleidung, legt sie einzeln in die Reuse und schaltet den Kärcher ein. Der Schlamm fließt am Boden ab, manchmal löst sich etwas Fleisch unter dem mächtigen Strahl, der sonst nur Knochen reinigt. Angesichts dieser noch in Verwesung begriffenen Körper erscheint mir das Vorgehen jetzt gewaltsamer. Ein Bein ist in seinem schwarzen Lederstiefel stecken geblieben, es lässt sich einfach nicht daraus befreien. Zlatan holt jeden Körperbestandteil einzeln aus der Reuse heraus, legt die Überreste auf das Packpapier, das am Boden über den weißen Sack gebreitet ist, und geht dann zu den Kleidungsstücken über. Eine Hose, ein Slip, ein Paar Socken. Da kommt Asmir, er hat einen weißen Overall und eine Maske angezogen, um Zlatan zu helfen. Gemeinsam tragen sie die gewaschene Leiche in die Halle, gehen beide behutsam mit ihren Enden des Sacks um, damit nichts herunterfällt, und tragen dann den nächsten Sack nach draußen. Wie viele Leichen wäscht Zlatan wohl pro Tag? Seit zwei Wochen kommen sie regelmäßig in Šejkovača an, bald werden es 150 sein. Insgesamt sind es an die 600, ein Ende ist also noch nicht in Sicht.

Beim Verlassen der Halle sehe ich ein paar Menschen vor dem Bürocontainer stehen. Ich erkenne Mirzeta, die Frau, die uns gestern am Massengrab mit Essen versorgt hat, und ihre Nachbarin. Sie sind in Begleitung einer weiteren Frau und eines jungen Mannes. Wir begrüßen uns, deuten ein Lächeln an, mehr können wir einander ohne Nemanjas Hilfe nicht mitteilen. Mirzeta geht mit den beiden anderen Frauen in die Halle, der junge Mann bleibt draußen, er spricht mich auf Englisch an. Er sei Mirzetas Schwiegersohn, erklärt er, sein eigener Vater sei ebenfalls 1992 verschwunden, er habe aber das Glück gehabt, ihn 2005 zu finden. Immer wieder dieses Wort: Glück. Denen, die kein Glück hatten, bleibt nur die Hoffnung.

»Jetzt lebe ich im Ausland. Ich war vierzehn, als es passiert ist, ich erinnere mich an jede Einzelheit.«

Ich stelle ihm keine Fragen, so gequält wirkt er von den Erinnerungen, die gerade in ihm wach werden. Der Schmerz ist seinem Gesicht förmlich eingeschrieben, Schmerz der Vergangenheit, der Abwesenheit, Schmerz der Gegenwart, da er wieder vor einer Leichenhalle steht, um nach weiteren Überresten zu suchen. Er sagt, dass eine der Frauen, die seine Schwiegermutter begleiten, ihre drei Söhne verloren hat. Zwei habe sie ausfindig gemacht, aber sie suche immer noch nach dem dritten.

»Was soll man dazu sagen?«, fragt er mich. »Dafür gibt es keine Worte. Sprechen können nur die Bilder.«

Dabei verweigert er sich diesen Bildern. Er will die Halle nicht betreten, das wollte er schon nicht, als es darum ging, seinen Vater zu bestatten. »Ich will meinen Vater so in Erinnerung behalten, wie er einst war, was hier ist, will ich nicht sehen.« Er sträubt sich ebenso sehr gegen den Besuch eines Massengrabs. Angesichts von so viel Verzweiflung versuche ich es mit einem unbeholfenen Trost: »Ich hoffe, dass am Ende Frieden einkehrt.« Er blickt mir direkt in die Augen und entgegnet: »Was für ein Frieden? Wo?«

»Habt ihr Kinder, du und deine Frau?«

»Ja, zwei. Eins ist fünf und das andere zwei.«

»Ob du ihnen eines Tages von alldem erzählen wirst?«

»Weiß ich nicht. Eines Tages werden sie mich vielleicht fragen, warum sie keinen Großvater haben, im Gegensatz zu all ihren Freunden. Dann werde ich es ihnen erklären. Sie sollen keinen Hass lernen, aber ich muss ihnen die Wahrheit sagen können. Das muss sein.«

»Vielleicht ist der Frieden in deinen Kindern zu finden.«

Als die kleine Gruppe weggeht, schüttelt Ajša den Kopf.

»Jeden Tag kommen Angehörige. Das ist schier unbegreiflich, weil bisher noch niemand identifiziert wurde. Das wird noch ein paar Monate in Anspruch nehmen. Vermutlich verspüren sie aber den Drang, hierherzukommen, etwas zu unternehmen. Das ist immer noch besser, als untätig zu warten. Darum bringen sie mittags auch immer Essen zur Grabungsstätte. Um das Gefühl zu haben, dass sie einen Beitrag leisten.« Gedankenverloren blickt sie auf die Hauptstraße, auf der das Auto gerade verschwunden ist. »Ihr Schmerz ist mir vertraut«, fährt sie fort. »Es ist auch mein Schmerz. 1992 habe ich in Prijedor

68

meine Mutter und meinen Mann verloren. Ich weiß, wie sich
das anfühlt. Ich weiß, was diese Leute durchmachen, ich weiß,
wie ich mit ihnen reden muss. Ich hatte Glück, ich habe meinen Mann schon 1999 wiedergefunden.«

Schon wieder: Glück. Da fällt mir die Frage des jungen Mannes wieder ein. Wo ist Frieden, wenn Glück haben bedeutet,
dass man seine nächsten Angehörigen bestatten kann? Nach
dem Krieg baute Ajšas Vater sein Haus in Prijedor wieder auf,
doch als er starb, wollte seine Tochter dort nicht einziehen.
»Zu viele schlimme Erinnerungen.« Sie wollte lieber in Sanski
Most wohnen, einer Stadt voller Bosniaken, die nach Kriegsende aus dem Exil zurückgekehrt sind. Seit zwölf Jahren setzt sie
sich für die Vermissten ein.

Mittags fahren wir bei strahlendem Sonnenschein nach Tomašica zurück. Über den erntereifen Maisfeldern ist der Himmel
tiefblau und das Licht so klar, dass die Farben umso kräftiger
leuchten. Um schneller anzukommen, nehmen wir eine Ab-
kürzung, die über kleine Landstraßen führt, an Häusern vorbei, an immer neuen Feldern, an Leuten, an einem liegenden
Hund. Die Dörfer ähneln einander, ganz gleich, ob serbisch
oder bosnisch, die Felder bleiben Felder, die Häuser bleiben
Häuser. Ein klares Unterscheidungsmerkmal bietet nur das
Minarett oder der Glockenturm einer orthodoxen Kirche.

Als wir das Auto geparkt haben und zum Massengrab hin-
aufgehen, nehme ich zum ersten Mal die Landschaft ringsum
in den Blick. Vom Hügel aus ist im Tal ein waldumstandener
See zu erkennen. Die Sonne spiegelt sich im Wasser und lässt
es funkeln. Offenbar strömt man im Sommer dorthin, um zu
baden und zu angeln.

Ich folge dem von jungen Birken gesäumten Pfad zur Grube. Im Herbstlicht kommt das bunte Laub zur Geltung.

Am Grab scheint das Team langsamer zu agieren, als wäre es bereits auf das nahende Wochenende eingestimmt, auf die Heimkehr, das Wiedersehen mit der Familie. Freitags endet die Arbeit früher, damit alle rechtzeitig aufbrechen können. Diejenigen, die in Sarajevo leben, haben noch fast fünf Stunden Fahrt vor sich. Ich sehe mich nach Senem um, ohne sie zu finden. Während der Zigarettenpause erklärt mir Esma, dass sich am Morgen ein Unfall ereignet habe: Senem sei am Rand der Grube ausgerutscht und hineingefallen, ein knapp drei Meter tiefer Sturz. »Es ist noch glimpflich verlaufen, sie hat sich nur den Arm gebrochen, aber uns allen einen Riesenschrecken eingejagt.«

Ich frage mich, was Senem wohl in der Notaufnahme angegeben hat: »Ich habe mich beim Sturz in ein Massengrab verletzt«?

Um 15 Uhr packt das Team alles zusammen. Eine graue Plane wird über den Haufen noch vergrabener Überreste gebreitet, ein improvisiertes Grabtuch, bis die Arbeit am Montag wieder aufgenommen wird. Die geborgenen Körper werden in den Leichenwagen geladen, der für die letzte Überführung dieser Woche nach Šejkovača zurückfährt. Die Stiefel werden gegen Turnschuhe getauscht, die weißen Overalls und blauen Plastikhandschuhe ins Feuer geworfen, das mit rings um die Grube gesammeltem Holz gemacht wurde. Die Geländewagen starten, die Woche ist vorbei, zurück bleibt nur der Polizist, der die Grabungsstätte bewacht und mich und Zabou aus dem Augenwinkel beobachtet, während sie alles ein letztes Mal fotografiert und ich die hiesige Geräuschkulisse aufnehme, sobald die Schaufelbagger verstummt sind. Ich höre, wie der Wind die orangeroten Blätter der Birken abreißt, sie auf den gleichfarbigen Boden herunterwirbeln lässt, ich höre den Hund in der Ferne bellen, ich höre das letzte Prasseln des erlöschenden Feuers.

Dies ist das dritte Bild, das mir bleiben wird: die unerschütterliche Geduld der Natur, die selbst dort, wo die schlimmsten Gräuel verübt wurden, am Ende wieder die Oberhand gewinnt.

Samstagmorgen machen wir uns nach Sanski Most auf, um Senem zu besuchen. Sie teilt sich mit ihrer Mutter und ihrer siebzehnjährigen kleinen Schwester eine Wohnung am Stadtrand, in einer ruhigen Gegend mit Häusern in hellen Farben, unweit von Šejkovača. Sie begrüßt uns mit einem Lächeln, den rechten Arm in Gips. Ihre Mutter ist auch da, ich begegne ihr zum ersten Mal. Sie bringt Kaffee und Gebäck, stellt mehrere Fruchtsäfte auf den Wohnzimmertisch.

Ich betrachte sie beide, es hat immer etwas Anrührendes, wenn man einen erwachsenen Menschen im Beisein eines Elternteils erlebt, manchmal erahnt man, wie er als Kind gewesen sein mag, in jedem Fall ist etwas von der tiefen Bindung zu erkennen, die über Jahre engsten Zusammenlebens entstanden ist. Mit ihrem breiten weißen Haarband, dem Kapuzensweatshirt und der Jogginghose wirkt Senem fast wie ein Teenager, ein Eindruck, den die Anwesenheit ihrer Mutter möglicherweise verstärkt. Diese schüttelt den Kopf, als ihre Tochter uns den Unfall schildert, wie die Erde unter ihren Stiefeln wegrutscht, wie sie stürzt und den Arm hebt, um ihren Kopf vor dem Aufprall zu schützen.

»Als ich fiel, dachte ich: Nein, das darf nicht sein, ich kann nicht in einem Massengrab umkommen!«

In der Notaufnahme des Krankenhauses von Prijedor haben alle aufgrund ihrer schlammbefleckten Kleidung erraten, woher sie gerade kam. Senem hatte den Eindruck, dass es dem Arzt unangenehm war. Auch wenn niemand darüber spricht, wissen doch alle, dass diese Grabungen stattfinden. Das ist vielleicht das Seltsamste an diesem Schweigen: Die Dinge sind dermaßen offensichtlich, dermaßen präsent, dass man ungeheuer viel Energie aufbieten muss, um sie unter den Teppich zu kehren und so zu tun, als wäre nichts geschehen.

Das Schweigen herrscht übrigens auch unter den Opfern. Nachdem Senem als Gymnasiastin nach Sanski Most gezogen war, sollte es Jahre dauern, bis sie begriff, was in der nur dreißig Kilometer entfernten Region von Prijedor passiert war. Darüber staunt sie bis heute.

»Niemand redete darüber! Unter meinen Klassenkameraden gab es einige, die die ethnische Säuberung miterlebt hatten. Aber darüber redeten sie nie. Erst als ich anfing, mit dem Blutentnahme-Team zu arbeiten, wurde mir das Ausmaß bewusst.«

Senem kommt oft auf dieses Schweigen zurück – das Schweigen der Peiniger und der Zeugen, das sie so wütend macht, das Schweigen der Opfer, das sie leichter tolerieren kann. Wenn man Tag um Tag damit verbringt, Wirbel zu ordnen oder einen Schädel zu rekonstruieren, den eine aus nächster Nähe abgeschossene Kugel zerschmettert hat, wenn man die handfesten Beweise für Folter und Hinrichtungen sortiert, wenn man Tag um Tag mit den Händen in der Vergangenheit wühlt, fällt es einem sicher zunehmend schwer zu akzeptieren, dass andere schweigen, sei es, um das Geschehene zu leugnen, oder um sich nicht daran erinnern zu müssen.

Das Schweigen verstört auch mich. Es durchdringt alles, vom öffentlichen Raum bis zum familiären Miteinander, es hält die Eltern davon ab, ihren Kindern zu erzählen, was sie erlebt haben, es verwandelt den Schmerz der Erinnerung in Albträume, Kopfschmerzen, Gewaltausbrüche.

Ganz am Anfang war ich durchaus der Meinung, dass Reden unverzichtbar ist, um den Schmerz zu lindern, um Trauerarbeit zu leisten. Doch je häufiger ich hierherkomme, je mehr ich meinen Freunden und Bekannten zuhöre, je mehr ich sie ihren Alltag bewältigen sehe, desto mehr glaube ich, dass Schweigen manchmal der Preis ist, den man fürs Überleben zahlt. Alles zu seiner Zeit. Vielleicht ist es fürs Reden noch zu früh. Und was würde dabei frei werden? Im Grunde hat niemand Lust auf eine Gesellschaft, in der die Menschen ihre traumatischen Erinnerungen ständig zur Schau stellen.

Senem erzählt mir aufs Neue von der Arbeit am Massengrab, von ihren Kollegen, die alle einen unmittelbaren Bezug zum Krieg haben. Entweder, weil sie vor Ort geblieben sind und ihn an vorderster Front erlebt haben, oder weil sie weggegangen sind und Angehörige verloren haben. Bejsa, die junge Assistentin in Šejkovača, stammt aus Čarakovo, dem Dorf von Sudbin, das im Juli 1992 dezimiert wurde.

»Ich habe sie gefragt, ob sie weiterhin nach Angehörigen sucht«, sagt Senem. »Sie antwortete, es fehlten nur noch ein paar entfernte Cousins. Ich bin sehr stolz auf sie. Selbst an der Grabungsstätte, angesichts all der Opfer, gelingt es ihr, so professionell zu bleiben.«

Das erklärt mir Senem als Teamleiterin, die sich um ihre Mitarbeiter sorgt, ernst und feierlich. Ich überlege, wie es wäre, wenn sie in der Grube Seite an Seite mit einem Kollegen arbeitete, der einen nahen Angehörigen sucht. Ob sie ihm nahelegen würde, sich einen Tag Urlaub zu nehmen, auch wenn sie ohnehin nicht genug Leute hat für die Arbeit, die noch ansteht?

»Für mich ist das Härteste der Geruch«, fügt sie hinzu. »Er stellt sofort eine Verbindung zum Geschehen her. Er zeugt von einem Tod, der vor recht kurzer Zeit eingetreten ist. Kaum hat man das Grab geöffnet, hat man wegen dieses Geruchs den Eindruck, all das wäre gerade erst passiert, sie wären erst vor zwei Tagen gestorben.«

Ich versuche mir vorzustellen, wie es ist, wenn das Gedächtnis gewissermaßen kegelt, wenn eine Sinneswahrnehmung eine Erinnerung anstößt, die wiederum über die nächste stolpert. Wie soll man sich bei diesem endlosen Spiel gegen die Vergangenheit verbarrikadieren?

»Zunächst hatte ich meine Arbeit ja kaum hinterfragt«, seufzt Senem. »Es war nur ein Job, ein Gehalt am Monatsende. Mit den Jahren ist mir das aber immer schwerer gefallen. Ich kann diesen Abstand nicht mehr wahren.«

»Gibt es im Team Leute, die Psychotherapie in Anspruch nehmen?«

»Die Möglichkeit besteht. Sie ist durch die Krankenversicherung gedeckt, die wir unserem Arbeitgeber verdanken. Aber ich glaube nicht, dass irgendjemand dieses Angebot nutzt. Ich jedenfalls nicht.«

»Glaubst du, man muss immer stark sein?«

»Nicht bewusst. Aber wenn du mich schon fragst, würde ich sagen: ja. Man muss stark sein, immerzu. Ich gestatte mir keine Schwäche. Manchmal denke ich daran, einen ganz anderen Beruf zu ergreifen. Ich würde gern mit meinem Vater Heilkräuter anpflanzen. Er geht bald in Rente und wird aufs Land ziehen. Dort gibt es eine Menge Anbaufläche. Ich stehe sogar schon in Kontakt mit einem Apotheker, der aus Pflanzen Arzneimittel zubereitet und dem es an Rohmaterial fehlt. Das wäre für mich absolutes Neuland. Ich kenne mich damit nicht aus, aber ich glaube, dass es klappen könnte. Immerhin ist es mir gelungen, in Šejkovača ein Leichenschauhaus zu betreiben, warum also nicht auch das?«

»Und denkst du manchmal darüber nach, selbst eine Familie zu gründen? Kinder zu bekommen?«

»Ab und zu. Vor drei Jahren, als du das erste Mal nach Šejkovača gekommen bist, habe ich tatsächlich oft daran gedacht und ständig mit meinen Freundinnen darüber geredet. Vermutlich erlebt jede Frau eine solche Phase. Ich habe sogar überlegt, als Alleinerziehende ein Baby zu bekommen. Am Ende dachte ich aber, gerade wäre es für mich das Wichtigste, mein eigenes Leben zu führen, eine eigene Wohnung zu haben. Ich fühlte mich noch nicht bereit, allein die Verantwortung für ein Kind zu übernehmen.«

Am Nachmittag erzählt mir Senem zum ersten Mal von ihren eigenen Erinnerungen an den Krieg. Einmal habe ein Heckenschütze auf sie geschossen, ein anderes Mal habe sie sich das Bein gebrochen und einen riesigen Umweg durch den Wald machen müssen, auf dem Traktor, auf dem Pferd, auf dem Rücken ihrer Mutter oder auf dem gesunden Bein hüpfend, um das Krankenhaus am anderen Ende der Stadt zu erreichen, ohne die Frontlinie zu queren.

»Aber das ist alles … Wie soll ich es erklären? Nach dem Krieg vergisst man das. Man denkt nicht mehr daran. Jahre später, als meine Mutter gerade überlegte, was sie zum Abendessen kochen soll, habe ich ihr die Frage gestellt: Aber wie sind wir während des Kriegs zurechtgekommen? Und dann mussten wir uns gemeinsam anstrengen, um uns zu erinnern.«

Senems Mutter, die zuvor in der Küche saß, hat sich im Wohnzimmer zu uns gesellt. Sie hört zu, ergänzt einige Details, erzählt unter schallendem Gelächter, wie empört Senem reagierte, als sie erfuhr, dass ihre Mutter ein Kind erwartet. Vor

Wut schmollte sie zwei Wochen lang. »Tatsächlich waren meine beiden ersten Schwangerschaften sehr heikel gewesen«, erklärt die Mutter, »und man hatte mich gewarnt: Eine dritte würde ich möglicherweise nicht überleben. Als es so weit war, hat mein Mann den kroatischen Kommandanten überredet, das Auto durchzuwinken, das mich ins Krankenhaus bringen sollte ... Tja, und weil alles gut gegangen ist, vergöttert Senem jetzt ihre Schwester!« Und wieder lacht sie schallend.

Beim Abschied bin ich in der Diele einen Moment allein mit dieser rund fünfzig Jahre alten Frau. Sie wendet sich an mich, ihre Worte scheinen mit Bedacht gewählt, als wollte sie mir eine wichtige Botschaft übermitteln: »Du hast Glück, weil du in einem normalen Land lebst, in einem Land ohne Krieg. Denn der Krieg hat uns alle verändert. Uns alle. Auf die eine oder andere Weise. Nach den Kämpfen musste erneut gekämpft werden, um wieder ein normales Leben zu führen, um in den Alltag zurückzufinden.«

Als ich in meinen Alltag in der Pariser Banlieu zurückkehrte, fielen mir diese Worte oft wieder ein, in der Métro, wenn ich mich über die Schulaufgaben beugte, das Abendessen zubereitete, meine Artikel rechtzeitig zu Ende schreiben musste, das Monatsende sich manchmal schwierig und die wechselnde Betreuung der Kinder nicht immer einfach gestaltete. Es war das erste Mal gewesen, dass man mich mit diesem Gedanken konfrontierte: Dem Krieg zu entgehen, ist kein Normalzustand, sondern tatsächlich ein Privileg, ein Glück, wie das Glück, in einem Nachkriegsland seine vermissten Angehörigen zu finden und sie bestatten zu können. Ja, ich habe Glück.

2014

5

DAS SALZ
DER ÄGYPTER

Der Zug rollt durch die kroatische Landschaft und bleibt an der Grenze stehen. Lokomotivenwechsel, Passkontrolle, Zollabfertigung. Ich bin allein im Sechserabteil. Als wir wieder Fahrt aufnehmen, dringt Wind durch das offene Fenster, kitzelt mich im Nacken und vertreibt die stickige Julihitze. Immer schneller zieht die Szenerie vorbei, die ich inzwischen auswendig kenne. Der Bach, dem die Schienen eine Zeit lang folgen, bevor sie ihn hinter sich lassen, die Tannenwälder ringsum. In ein paar Stunden bin ich wieder in Prijedor. Guten Tag, Prijedor, werde ich im Stillen sagen, guten Tag, Stadt, die sich so hartnäckig über ihre Vergangenheit ausschweigt, dass man fast meinen könnte, sie hätte kein Gedächtnis, wäre die Luft nicht so stark von Erinnerungen gesättigt, dass man das Gefühl hat, sie mit jedem Schritt in sich aufzunehmen.

Zum ersten Mal komme ich allein zurück, ohne klar umrissenes Ziel, abgesehen von der Teilnahme an der Trauerzeremonie am 20. Juli. Beim Frühstück in einem Zagreber Straßencafé hatte ich auf meiner Facebook-Pinnwand die von Sudbin gepostete Liste mit den 284 Namen gesehen. Zum ersten Mal spürte ich, wie sich eine bleierne Last auf mich legte. Bis dahin war ich nur Beobachterin gewesen. Ich dachte an die Worte von Rasma zurück, einer Frau in ihren Sechzigern, die ich für unsere Web-Doku gefilmt hatte, an die Worte, die sie zu mir sagte, als ich sie in ihrem von Gemüsebeeten umgebenen

Häuschen besuchte, um ihr eine DVD dieser Doku zu überrei-
chen: »Jetzt gehörst du zur Familie, selbst wenn wir nicht dasselbe Blut haben.« Sie saß in ihrem stets tadellos aufgeräum-
ten Wohnzimmer und integrierte mich ehrenhalber in diese
Geschichte, mit ernster Miene, wobei sie sonst immer so fröhlich wirkte. Mein Blut wird zu keiner Identifizierung beitragen, immerhin ein Privileg. Wieder blicke ich auf die nunmehr
vertrauten Namen, Duratović, Hopovać, Musić. Wieso wiegen
sie so schwer, als hätte man mir einen Sandsack auf die Schultern geworfen, während ich die Liste derjenigen durchgehe, die
man in fünf Tagen offiziell zu Grabe tragen wird? Es sind fast
alle Opfer aus Tomašica.

In Trnopolje empfängt mich das Haus der Maroslić wie immer
mit offenen Armen. Emira und Mehmed sind unterwegs, um
ihre Tochter Mirela in Tuzla zu besuchen. Medina, ihre zweite
Tochter, wird erst später eintreffen, um die Sommerferien hier
zu verbringen. Ich verschaffe mir Zugang mit den Schlüsseln,
die mir anvertraut wurden, erkenne die Sofas in der Küche wieder, die Kaffeetassen. Nachdem ich meinen Koffer und meinen Rucksack abgestellt und mein Quartier bezogen habe, setze ich mich zum Schreiben auf die Terrasse. Die zwei Kühe auf
der angrenzenden Weide muhen, im Baum des Nachbarn zwit-
schert eine Vogelschar. Ich höre einen Apfel ins Gras fallen, einen dieser roten Äpfel, die Mehmed im Garten aufliest und am
Fuß der Bäume zu Häufchen stapelt. Mein Telefon klingelt,
Emira ist dran und möchte wissen, ob ich vielleicht Angst habe,
so ganz allein im Haus. Nein, alles gut, mach dir keine Sorgen.
Sie und ihr Mann kommen in ein paar Tagen heim, pünktlich
zur Trauerzeremonie.
    Während ich so auf der Terrasse sitze, mit bloßen Füßen auf
den kühlen Kacheln, denke ich an Emira und Mehmed, an ihre

Töchter, an die Zeit, die ich in den letzten vier Jahren in diesem Haus verbracht habe, mit Reden, Lachen, Kartenspielen. Als ich die Web-Doku mit Mirela als einer der Protagonistinnen zu filmen begann, wollte Emira nicht über all das sprechen, was im Krieg vorgefallen war. »So viel Schmerz, wozu?« Dafür hat sie Zabou und mich in ihrem Haus beherbergt, sie hat für uns gekocht, und bei jedem Essen wollte sie hören, wie unser Tag verlaufen war. Und dann strömten die Geschichten heraus, zwischen Hauptspeise und Nachtisch, oder beim Kartenspielen danach, Geschichten, die sich von einem Tag zum nächsten immer mehr verdichteten und die Mirela bisher nicht gehört hatte, obwohl es sie so sehr danach dürstete, um nicht allein auf ihre Vorstellungskraft angewiesen zu sein. Als ihre Mutter sich uns anvertraute, hörte Mirela zu, und am Ende stellte sie Fragen.

Die Sonne geht allmählich unter, die Vögel sind fast verstummt, in der Ferne grollt Donner. Ich warte auf den Gebetsruf, der das Fastenbrechen einleitet, ein Klang, der mich an meine Kindheit im Senegal erinnert. Als die ersten Töne durch die Landschaft hallen, schließe ich die Augen und lausche: dem Muezzin, den Schafsglocken, dem nächsten herabfallenden Apfel. Ich wusste nicht, dass man Äpfeln beim Fallen zuhören kann. Jetzt weiß ich es.

Morgen besuche ich Senem in Šejkovača. »Gerade bereiten wir die Toten vor«, stand in ihrer Textnachricht, als ich mit ihr den Termin vereinbarte. Aus diesen Worten sprach die Macht der Gewohnheit. Jedes Jahr bereitet sie Tote für die Zeremonie vor.

Am nächsten Tag beginne ich meine Reise zu den Toten mit einem Taxi, das vor der Schule von Trnopolje auf mich wartet. Besser gesagt beginnt meine Reise, als ich das Haus der Maroslić verlasse und das Tor hinter mir abschließe. Oder hat sie nicht schon zwei Tage zuvor begonnen, als ich in Roissy-Charles-de-Gaulle ins Flugzeug stieg?

Nein. Meine Reise zu den Toten begann, als die Toten am Massengrab auf mich zugekommen sind. Als ich die Entscheidung traf, das Massengrab zu besichtigen. Als die Kunde vom Massengrab das allererste Mal zu mir drang. Damals begann die Reise, aber ich wusste nicht, dass sie mich heute hierhin führen würde.

Ich verlasse das Haus. Es ist erst acht Uhr morgens und die Sonne brennt mir schon auf den Kopf. Mit Bedauern denke ich an meine Schirmmütze, die ich zu Hause in Montreuil vergessen habe. Ich schlage Mirelas Weg ein, diesen Trampelpfad, der direkt zum Haus von Rasma führt, links davon ist die Schule, ein paar Dutzend Meter entfernt. Ich gehe durchs Gras, so stark die Sonne auch brennt, hatte sie noch keine Zeit, den Morgentau zu trocknen – ich spüre, wie die Feuchtigkeit durch meine Leinenschuhe dringt und sich auf meiner Haut absetzt. Die Gehäuseschnecken und die Nacktschnecken sind hervorgekrochen, blaue, gelbe und weiße Blumen säumen den Weg. Ich muss Mehmed nach ihren Namen fragen. Ich denke an die Worte von Mirela, als sie mir ihren früheren Schulweg zeigte, »ich ging über die Felder«, ich denke an die Geschichte dieses Kriegs, der aus dem Nichts gekommen und doch vorherzusehen war, und schließe daraus, dass überall und jederzeit ein Krieg ausbrechen kann.

Gestern, nach meiner Ankunft in Prijedor, habe ich Sudbin in seinem Büro besucht. Ich hatte ihm aus Paris Gewürze mitgebracht. Er erzählte mir, was Kochen für ihn bedeutet: »Es ist geradezu mystisch, wenn man all diese Gottesgaben nimmt und daraus eine Mahlzeit zubereitet, sich voll und ganz darauf konzentriert und den Rest der Welt vergisst.«

»Das erlebe ich beim Wandern«, antwortete ich.

Sudbins Arbeitstag hatte mit dem Anruf eines Mannes begonnen, der dieses Jahr seine sechs Brüder bestatten wird. Als er mir davon erzählte, schüttelte er den Kopf, mit diesem Gesichtsausdruck, der mir inzwischen so vertraut ist und der besagt: »Was für ein Wahnsinn!« und zugleich: »Wieso musste das ausgerechnet mir passieren?«

»Eigentlich ist das die schönste Zeit des Jahres, weil alle wegen der Sommerferien zurückkommen, aber es ist auch die schlimmste, weil alle wegen der Trauerzeremonie hier sind«, erklärte Sudbin. »Wir kehren heim, um die Toten zu ehren. Vielleicht macht uns das stärker.«

Im Bus nach Sanski Most fällt mir Fikret wieder ein. Ob er seine Frau und seine Kinder gefunden hat? Ich erinnere mich an seine Hoffnung, als er am Massengrab stand, an seine Würde, an seine Trauer, sie umhüllte ihn wie ein Kleidungsstück, das er nie ablegen würde. Ich muss unbedingt die Namensliste noch einmal durchgehen.

Senem holt mich am Busbahnhof ab. Sie wirkt bedrückt, das Handy ans Ohr geklemmt, und steuert das Auto mit einer Hand. Blaues Oberteil, rosa Hose – in dieser Arbeitskleidung habe ich sie noch nie gesehen.

»Schön, dass du hier bist. Du bist den Opfern gegenüber loyal«, sagt sie, nachdem sie ihr Telefonat beendet hat. Ich bin ihr dankbar für diesen Satz, denn er bringt etwas auf den Punkt, was ich selbst nicht in Worte fassen konnte: das Bedürfnis, die Toten zu ehren, die vor meinen Augen aus der Erde hervorgekommen waren. Ihre Existenz als Tote zu bezeugen, diese seltsame Zeitspanne zwischen Ausgrabung und Bestattung.

Als wir ankommen, finde ich wieder den Bürocontainer und Ajša an ihrem Computer vor. Alles unverändert. Ajša nimmt mir die Tasche ab und legt sie auf einen Tisch. Sie deutet auf den abgetretenen, mit Flecken übersäten Teppichboden: »Der ist so dreckig!«

Senem bietet mir Kaffee an und führt mich gleich zur Halle. Ich hatte vergessen, wie sehr sie sich hier heimisch fühlt. »Du kannst ruhig mit deiner Tasse hier rein«, sagt sie, aber ich habe das Bedürfnis, sie vorher abzustellen. Für mich ist das nicht alltäglich. Ich bin zum vierten Mal hier. Ich weiß, was mich drinnen erwartet, anders als beim allerersten Mal fürchte ich mich nicht davor, aber je öfter ich herkomme, desto mehr verspüre ich den Wunsch nach einer gewissen Andacht. Selbst wenn sie nur darin besteht, eine Kaffeetasse wegzustellen.

In der Halle ist ein Surren zu hören, und die Luft erscheint mir frischer als sonst.

»Ach, endlich habt ihr ein Kühlsystem!«

»Nein, keineswegs, das ist nur eine Lüftungsanlage, und es funktioniert auch nur ein einziger Ventilator, direkt über uns.«

Der Gestank überwältigt mich ohne Vorwarnung, obwohl ich darauf gefasst war. Senem bekommt es mit, sie hält mir eine Maske hin, und ich nehme sie gern an.

»Ich nehme ihn nicht mehr wahr«, erklärt sie. »Aber ich weiß, dass er mich umgibt. Jeden Tag wasche ich meine Sachen, aus Angst, dass er sonst gar nicht mehr weggeht.«

Die schon fertigen Särge stehen in Dreierstapeln bereit, auf jeder Seite zwei Reihen. Neben der Tür liegen die nächsten Leichname auf Metalltabletts, pro Rollwagen sind es fünf Tabletts. Auf dem Boden liegen weitere Überreste, sie bestehen nur noch aus Knochen, die auf Packpapierbögen ausgebreitet sind.

Die Atmosphäre ist anders als beim letzten Mal, als hätte die Halle sich in einen Ort der Trauer verwandelt, nachdem diese Toten identifiziert und damit wieder zu Personen wurden. Vielleicht rührt dieser Eindruck auch von den Särgen her.

»Seit zehn Tagen bereiten wir die Leichname vor«, sagt Senem, »dieses Jahr dauert es länger.«

Von den 284 Toten, die am Sonntag beerdigt werden, stammen 256 aus Tomašica. Dank der Arbeit von Senem und ihrem Team wurden insgesamt 395 Personen identifiziert. Nicht alle werden dieses Jahr bestattet, weil ihre Hinterbliebenen es anders verfügt haben. Viele benötigen mehr Zeit, um alles zu organisieren und Eltern, Kinder und Cousins zusammenzubringen, die über die ganze Welt verstreut sind, von Australien bis in die USA.

Trotz Maske kann ich den Gestank kaum ertragen. Als Senem es bemerkt, schlägt sie vor, dass wir rausgehen. Wir setzen uns auf die beiden Bänke, die sich im Eingangsbereich gegenüberstehen, auf dem braun-beigen Kachelboden, dessen Farbe mir zwischendurch entfallen war. Über der Tür hängt dasselbe Plakat wie vor vier Jahren: Ein kleines Mädchen steht mit finsterem Blick inmitten von anonymen Gräbern mit der Aufschrift N. N. und hält ein Foto ihres Vaters in den Händen, darüber prangt der Satz: »Wo ist mein Papa?«

»Es war nicht leicht, die Konservierung zu gewährleisten«, erklärt Senem. »Zuerst habe ich Kostenvoranschläge für Kühlbehälter eingeholt. Sie waren viel zu teuer, außerdem hätten wir einen neuen Generator kaufen müssen, um sie zu betreiben. Danach habe ich mich erkundigt, was es kosten würde, ein Drittel der Halle zu kühlen. Dafür hätte man umfangreiche Umbauten vornehmen müssen, zum Preis von mehreren Tausend Euro: die Decke abhängen, alles isolieren, und selbst dann hätten wir nur auf 16 °C herunterkühlen können. Um Leichen zu konservieren, benötigt man eine Temperatur von 5 bis 12 °C. Es wäre nicht gegangen. Ganz zu schweigen von den Stromkosten für diese drei Monate!«

Man hatte ihr zwar Geld zugesagt, aber Senem bekam davon nicht einen Cent zu sehen. Also hat sie auf eigene Faust nach einer Lösung gesucht. Es musste doch eine geben. Jedenfalls konnten die Überreste unmöglich ohne Kühlung bleiben.

»Du kannst dir nicht vorstellen, was hier los war, als die Verwesung einsetzte. Die Leichen wurden umgehend von Pilzen befallen, von Insekten, von Larven. In jedem Sack, den wir aufmachten, wimmelte es. Das war kein Zustand, weder für die Opfer noch für die Hinterbliebenen und für uns. Wir mussten etwas unternehmen. Und dann habe ich mich gefragt, wie man es früher handhabte, wenn man Leichen konservieren wollte. Es gab ja keine Kühlräume und keinen Strom. Mir fielen die Mumien ein. Ich habe alles gelesen, was ich zu diesem Thema finden konnte, und so bin ich auf die Idee mit dem Salz gekommen. Denn das haben die alten Ägypter benutzt: Salz. Was bisher noch nie in der forensischen Anthropologie eingesetzt wurde, also habe ich einen ersten Versuch unternommen. Und es hat geklappt.«

Von der altägyptischen Mumifizierung angeregt, hat Senem ihr eigenes Verfahren entwickelt. Zunächst wird das Tablett mit einer Schicht aus Salz überzogen, dann mit einer Lage Mull, damit das Salz den Körper nicht direkt angreift. Die Überreste werden darauf gebettet und mit einer zweiten Lage Mull bedeckt, bevor zum Schluss noch eine Schicht Salz hinzukommt. Es saugt die Flüssigkeiten auf, trocknet den Körper aus und stoppt die Verwesung.

»Insekten können im Salz nicht überleben«, erklärt Senem. »Und wir haben uns vergewissert, dass die DNA dadurch unverändert bleibt.«

Ich höre ihr gebannt zu. Mir fällt ein, wie Senem vor zehn Monaten an der Hotelbar laut darüber nachdachte, wie man die Überreste halbwegs erhalten könnte, und zu keinem Ergebnis gekommen war. Mit solcher Hartnäckigkeit verfolgt sie ihr Ziel, dass sie sogar in Geschichtsbüchern nach einer Lösung sucht, obwohl wir doch über Strom verfügen und das Ganze im Grunde nur eine Frage des Geldes ist.

Kaum hatte der Staatsanwalt ihr dieses Verfahren für jeden Leichnam genehmigt, bestellte Senem vier Tonnen Salz. Dafür und für den Mull beliefen sich die Kosten auf insgesamt 1500 Konvertible Mark (KM) beziehungsweise 750 Euro. Sie sei stolz auf ihren Einfall, weil man ihn auch anderswo umsetzen könne, »in ebenso armen Ländern«, nach Erdbeben oder anderen Naturkatastrophen, wenn viele Opfer zu verzeichnen sind und deren Leichen bis zur Identifizierung konserviert werden müssen.

»Als ich sie alle mit Mull und Salz bedecken konnte, hatte ich das Gefühl, ihnen endlich ihre Würde zurückzugeben.«

Als dieser Tag kam, hatte sie bereits drei Monate auf eine hypothetische Kühlkammer gewartet, die niemals eintreffen sollte. Drei Monate Arbeit in einer Halle, die nach Tod stank, ohne Ausweg, mitten in einem außergewöhnlich milden Winter.

»Tja, ich muss zurück, Zlatan wartet auf mich«, sagt Senem. Ich folge ihr. Es geht mir jetzt besser, ich kann den Gestank ertragen. Am Ende harre ich fünf Stunden in der Halle aus und beobachte die ständig wiederholten Handgriffe von Senem und Zlatan.

Sie kommen voran, von einem Rollwagen zum nächsten. Bei jedem nehmen sie zuerst die fünf Tabletts heraus und stellen sie auf den Boden. Sie ziehen die obere Mulllage mit ihrer Salzkruste vom Leichnam ab und rollen sie zur Seite. Dann fassen sie die untere Lage an, um den mumifizierten Körper in einen sauberen Leichensack gleiten zu lassen, in den sie außerdem den alten Sack hineinlegen, sorgfältig gefaltet und noch mit dem schwarzen Filzstiftcode und dem Kürzel TO für Tomašica versehen.

Unter dem Vordach, dort, wo Zlatan sonst die Leichen wäscht, steht ein Tisch für die Einsargung in schlichte, leichte Holzrahmen. Zwei ehrenamtliche Helfer aus der muslimischen Gemeinde übernehmen diese Arbeit und führen sie aus wie am Fließband. Zunächst nehmen sie das untere Brett und legen den Leichensack sowie den Beutel mit den persönlichen Habseligkeiten darauf, dann bringen sie die bogenartigen Leisten an, die dem Sarg seine gerundete Form verleihen, am Ende spannen sie darüber das grüne Grabtuch mit goldener Fransenborte, das an die Bretter geheftet wird. Klack-klack, klack-klack. Wo ich sonst immer den Kärcher hörte, ertönt jetzt der Tacker. Schließlich ein letztes Klack-Klack, um am Fußende des Sargs eine Plastikhülle mit einem Zettel zu befestigen, auf dem Name und Vorname stehen, außerdem der Vorname des Vaters, das Geburtsdatum sowie Zeit und Ort des Todes. Ich denke wieder an das Massengrab, an das Blatt Papier, das man in eine Plastikhülle steckt und neben dem gerade exhumierten Leichnam fotografiert, um Zeit und Ort der Ausgrabung zu dokumentieren. Zwischen diesen beiden Papieren steckt die ganze Arbeit von Senem und ihrem Team.

An der Hallenwand lehnen aufrecht weitere Bretter und Holzleisten, daneben liegen Säge und Hammer. Die Särge sind alle gleich, bis auf einen, dessen Aussehen mir vertrauter erscheint: ein Holzkasten, der mit einem Kreuz versehen ist. Es ist der Sarg eines katholischen Kroaten.

Inmitten der Rollwagen raucht Senem ihre dünnen Zigaretten. Oft muss sie die Arbeit wieder aufnehmen, bevor sie aufgeraucht hat, und so behält sie die brennende Kippe einfach im Mundwinkel, während sie nach dem nächsten Tablett greift. Salz, Mull, Leichensack, Salz, Mull, Leichensack. Die leeren

Tabletts werden in einer Ecke gestapelt, das Salz wird auf den Boden gekippt, manchmal muss man die Kruste aufbrechen, weil sie sich dermaßen festgesetzt hat. Senem nimmt eine Hacke, um bei einem Tablett die untere Schicht zu lösen, das Salz fällt in großen Brocken, die am Boden zerspringen und weiße Haufen bilden, diese hebt sie mit einer großen blauen Schaufel auf, einer Schneeschaufel. Wenn die leeren Tabletts Senem irgendwann zu schwer werden, löst Zlatan sie ab.

»Mein Arm und mein Ellbogen tun immer noch etwas weh, seit meinem Sturz im Oktober«, entschuldigt sie sich.

»Komm her!« Senem ruft mich ans andere Ende der Halle, wo die fertigen Särge nach Dörfern und Hinterbliebenen gruppiert werden, je nachdem, für welchen Friedhof sie bestimmt sind. Senem deutet auf einen Stapel. »Du kennst doch Mirsad? Das ist seine Familie. Seine Großmutter, sein Großvater, sein Vater, sein Bruder, sein Onkel, seine beiden Cousins. Drei Generationen. Sein Bruder war erst fünfzehn.«

Ich kenne Mirsads Geschichte. Und ich erinnere mich an Sudbins Worte, als wir am Massengrab standen: »Kannst du dir vorstellen, wie viel Hoffnung ihm das jetzt gibt?« Mir kommen die Tränen. Ungeheuerlich, so viele geliebte Menschen zu verlieren, es ist, als würde die schiere Zahl der Opfer alle Geschichten überlagern, dabei ist jedes Schicksal anders, jeder Tod einzigartig. Wie soll man gleichzeitig um seine Großeltern, seinen Vater und seinen jugendlichen Bruder trauern, wenn doch jeder einzelne Tod an sich schon schrecklich ist? Ich entziffere die Namen auf den Zetteln, immer wieder Duratović, vor mir liegt eine ganze Familie.

»Hast du schon mal mit Serben über die ganze Geschichte geredet?«, fragt mich Senem und zündet sich eine Zigarette an. »Bei ihnen gibt es auch Vermisste.«

Es ist, als würde sie meine Gedanken lesen. Denn ich stelle mir diese Frage schon seit geraumer Zeit: Was bleibt vom Krieg als Erinnerung bei jenen, die in den Augen der Weltöffentlichkeit zu Tätern wurden, ob sie es wollten oder nicht?

»Genau das möchte ich jetzt tun«, antworte ich. »Aber das wird einige Zeit in Anspruch nehmen. Und ich weiß nicht genau, wonach ich suche.«

»Du suchst doch nur Antworten auf deine Fragen.«

»Im Grunde schon. Je näher ich dieser Geschichte komme, desto mehr habe ich den Eindruck, dass sie sich mir entzieht. Dass sie sich immer weniger greifen lässt. Und manchmal frage ich mich, worauf ich mich da einlasse, ohne es wirklich zu wollen. Woran ich mich beteilige. Ich kenne nicht alle Faktoren, mir fehlt die Übersicht.«

»Verstehe. Was mich angeht, werde ich die Trauerzeremonie diesmal wohl boykottieren. Ich habe diese Politiker satt, die nur erscheinen, um sich in Szene zu setzen und große Reden zu schwingen. Sie kommen, weil bald Wahlen sind, und verhalten sich entsprechend. Und was bringt uns das? Meiner Meinung nach ist angesichts dieser Tragödie einzig und allein Stille das Richtige. Man sollte nur die Namen der Verstorbenen verlesen. Mehr nicht.«

Senem wirkt gereizt. Ich erkenne diesen Ärger wieder, der oft durchscheint, wenn sie über Politiker redet, über jene, die ihr die Mittel verweigern, um angemessen arbeiten zu können, über jene, die vor laufender Kamera vom Krieg schwadronieren, sich aber stets verleugnen lassen, wenn es um den Kauf von Kühlbehältern geht.

»Wo waren denn all diese Leute, als wir hier verzweifelt nach einer Lösung suchten? Wo waren sie an diesem Wintertag, als wir plötzlich weder Strom noch Internet oder Telefon hatten, weil die Rechnungen nicht beglichen wurden? Wo waren diese Leute, die genug auf dem Bankkonto haben, um gleich mehrere Kühlkammern zu finanzieren? Dieses Jahr soll es angeblich auch einen VIP-Bereich geben, für die internationalen Gäste und für unsere Politiker, damit es ihnen während der Zeremonie nicht zu warm wird. Gott bewahre, dass sie ins Schwitzen geraten, und was macht es schon, wenn die Hinterbliebenen derweil in der prallen Sonne stehen.« Ohne es zu bemerken, ist sie lauter geworden, ihre Stimme bebt vor Zorn. »Nein, am Sonntag geh ich nicht hin. Ich komme am Samstagmorgen hierher, um mich von den Toten zu verabschieden, wenn die Lastwagen sie abholen. Ich weiß, dass ich für sie und für ihre Angehörigen alles Nötige getan habe, und das ist für mich das Einzige, was zählt.«

Unter dem Vordach ist weiterhin das Klack-Klack des Tackers zu hören. Die Stapel werden immer höher.

»Das alles hier ist eine Schande«, sagt Senem und deutet mit ausgreifender Geste auf den weiten Hallenraum, auf die Wand mit den Fotos der Vermissten, auf die Überreste, die noch auf dem Boden liegen. Sie wiederholt: »In meinen Augen ist das hier eine Schande. Es müsste anders gestaltet sein, wir bräuchten einen Rückzugsort, um die Angehörigen zu empfangen, einen Ort, an dem sie sich in Ruhe sammeln und Informationen einholen können. Aber wir haben nichts dergleichen.«

Sie drückt ihre Zigarette aus, geht wieder an die Arbeit. Salz, Mull, Leichensack. Das Tablett aufnehmen. Die Kruste aufbrechen. Weiter mit dem nächsten Tablett. Es ist heiß, sie tupft sich die schweißnasse Stirn. Das Geräusch des Tackers, der sich ins Sargholz beißt, gibt den Takt für alle anderen Handgriffe vor.

Ich stehe in der Ecke und sehe zu, sie arbeiten still vor sich hin, allmählich werden die Anstrengungen des Tages spürbar. Ich brauche keine Maske mehr. Klack-klack. Ein grünes Grabtuch wird über beide Enden gespannt, klack-klack, dann über beide Seiten, klack-klack.

»*Tomorrow last day!*«, morgen ist der letzte Tag, ruft mir einer der Männer zu, die die Einsargung vornehmen. Was hält er davon, dass ich hier bin, dass ich alles beobachte? Ich vermag nicht zu sagen, ob es ihn nervt oder stresst. Manchmal spüre ich, dass er mich seinerseits beobachtet.

Gegen 16 Uhr hört Senem auf zu arbeiten, das Gesicht schweißnass. Feierabend. Auf den Tabletts warten noch 25 Leichname, um die wird sie sich morgen kümmern.

»Erledigt?«

»Ehrlich gesagt ist mir körperliche Erschöpfung lieber als geistige. Im letzten Winter wurde es mir manchmal zu viel, zwischen hier und dem Projekt N. N. Da musste ich überall gleichzeitig sein.«

Seit bald einem Jahr ist Senem nicht nur für die Leichenhalle in Šejkovača zuständig, sondern leitet auch ein Team, das alle nicht identifizierten Fälle – N. N. – in sämtlichen Leichenschauhäusern des Landes überprüft. Eine Art Wiedereröffnung der *Cold Cases*, von denen manche seit zwanzig Jahren keinen *Match* mit der DNA von Hinterbliebenen ergeben haben. Da müssen die Leichensäcke wieder aufgemacht, die Dokumentation – Fotos, Ausgrabungs- und Autopsieberichte – wieder hervorgeholt und in manchen Fällen neue DNA-Analysen durchgeführt werden. Es handelt sich um geschätzt 3000 Fälle.

Das Projekt erweist sich in der Umsetzung als schwieriger als gedacht. In diesem Land, das durch den Krieg zerteilt wurde, in die Republika Srpska einerseits und die Föderation Bosnien und Herzegowina andererseits, ist die Anzahl der Vermissten auch ein Politikum. Diese Zahlen können als Waffen eingesetzt werden, um Ressentiments zu nähren und Ängste zu schüren. Und weil sowohl ein einzelner Oberschenkelknochen als auch ein vollständiger Körper als »Fall« bezeichnet werden können, lassen sich die Zahlen leicht verfälschen. Nach einigen Wochen stellten Senem und ihr Team fest, dass manche Fälle nichts mit dem Krieg von 1992 bis 1995 zu tun hatten. Die einen stammten noch aus dem Zweiten Weltkrieg, die anderen ließen sich keinem konkreten Konflikt zuordnen.

»Wegen dieses Projekts komme ich in ganz Bosnien herum«, erzählt Senem und zündet sich für heute die letzte Zigarette an. »Ich gelange an Orte, die ich bisher kaum kannte. So haben wir unter anderem am Friedhof von Mostar gearbeitet. Er ist wunderschön, der schönste Friedhof des Landes. Einmal spazierte ich während der Pause durch die Alleen, und dabei fiel mir ein besonders prächtiges Grab auf, das Grab einer recht jungen Frau namens Marsela Šunjić. Als ich meine Kollegen fragte, ob sie den Namen kannten, sagten sie, es handle sich um eine Schriftstellerin aus Mostar, die zwei Bücher veröffentlicht hatte. Ich habe sie dann gekauft und gelesen. Hast du schon mal von ihr gehört?«

»Nein, noch nie.«

»Glaub mir, Taina, davor konnte ich kein einziges Buch über den Krieg lesen, keinen einzigen Augenzeugenbericht, obwohl ich mich tagtäglich mit den Folgen dieses Krieges befasse. Und die Bücher von Marsela Šunjić drehen sich nur darum: um den Krieg. Als ich sie las, erschienen sie mir gleich so wahrhaftig. Marsela hat den Krieg genau so eingefangen, wie er ist. Inzwischen habe ich mich erkundigt, sie wurden in mehrere Sprachen übersetzt. Aber hier, in Bosnien, in dem Land, das Marsela beschreibt, kennt man die Autorin nicht. Siehst du, wie blind wir sind?«

Sie zieht an ihrer Zigarette, betrachtet die Sargreihen, das Ergebnis ihrer täglichen Arbeit, die aus dem Krieg heraus entstanden ist, während sie doch davon träumte, Archäologin zu werden.

»Durch dieses Projekt bekomme ich mit, wie sehr jeder Einzelne hier seine eigene Wahrheit erzählt. Und mich treibt immer mehr die Frage um, was das für uns als Nation bedeutet. Wie kann es sein, dass Srebrenica in manchen Regionen dieses Landes als Genozid gilt, in anderen jedoch nicht? Wie kann es sein, dass es kein Srebrenica mehr gibt, sobald man Banja Luka erreicht?«

Ich höre ihr zu, ohne eine Antwort zu haben. Ich weiß nicht, ob sich zwanzig Jahre nach einem solchen Krieg eine ganze Nation auf eine Wahrheit einigen kann. Natürlich ist es möglich, die Ereignisse aus der Perspektive einer bestimmten Person oder aus einer bestimmten Situation heraus zu betrachten und dabei den Kontext und auch die Widersprüchlichkeiten zu berücksichtigen – wie im Fall des Mannes, der den Söhnen seines früheren Kollegen, also Sudbin und dessen Bruder, das Leben gerettet hat, obwohl er einer Todesschwadron angehörte. Aber ich habe keine Ahnung, wie das aus nationaler Perspektive erfolgen kann. Ich denke an die wenigen Stunden zurück, die ich beim Prozess gegen Radovan Karadžić vor dem Internationalen Strafgerichtshof in Den Haag verbracht habe. Der Angeklagte, dem Völkermord und Verbrechen gegen die Menschlichkeit zur Last gelegt wurden, bemerkte zu einem der vielen Massengräber von Srebrenica, man habe die Opfer »aus hygienischen Gründen« verscharrt, keineswegs, um ein Verbrechen zu vertuschen. Seine Tochter Sonja Karadžić-Jovičević stellt sich gerade zur Wahl, um Abgeordnete der Republika Srpska zu werden. Vor mir liegen reihenweise Särge, darunter sind sieben Personen, die zu ein und derselben Familie gehören. Wie soll man daraus eine gemeinsame Wahrheit machen? Um eine Nation zu bilden, ist es vielleicht hilfreicher, auf die Qualifizierung für eine Fußballmeisterschaft zu setzen als auf eine von beiden Seiten getragene Deutung der Geschichte.

Als Senem mich am Busbahnhof absetzt, kommt sie wieder auf ihren Wunsch zu sprechen, etwas anderes zu machen, auf ihr Vorhaben, Heilkräuter anzubauen.

»Ich fühle mich entwurzelt«, sagt sie. »Ich brauche einen Ort für mich, ich möchte zurück aufs Land meiner Vorfahren und mir vor Augen führen, dass sie vor mir da waren.«

Und dann fügt sie hinzu: »Ich möchte glücklich sein.«

»Du möchtest lebendige Dinge aus der Erde hervorbringen.«

»So kann man es auch ausdrücken.«

6

»MAN SOLLTE ALLES WERTSCHÄTZEN, WAS EINEM DAS LEBEN VERSÜSST«

Mein dritter einsamer Morgen in diesem Haus. Inzwischen weiß ich, dass es um halb acht noch frisch ist, die Sonne aber nur eine Stunde später schon so stark brennt, dass ich, geblendet und mit glühendem Gesicht, unmöglich auf der Terrasse bleiben kann. Der Hund von Mehmeds Schwägerin Nina kommt mich begrüßen, er streunt hier immer herum, seit sein Frauchen ins Altersheim gezogen ist und das kleine Nachbarhaus leer steht. Als ich gestern den Tag abwechselnd im Haus und im Garten verbrachte, leistete er mir Gesellschaft, auf dem Kiesweg ausgestreckt, während ich oben einen Mittagsschlaf machte, um der Hitze zu entfliehen. Als ich aufwachte, hatte sich der Himmel zugezogen, in der Ferne donnerte es. Ich setzte mich auf die Terrasse, um den Zug der Wolken zu betrachten und dem Wind zu lauschen, der im Garten durch das Laubwerk der Apfelbäume und der Linde fuhr, eine Musik, die ganz leise begann, um sich nach und nach zu steigern, während sie jeden Ast, jedes einzelne Blatt erfasste, bevor sie verklang. Der Donner rückte näher, das Gewitter brach aus. Dicke Tropfen prasselten auf den Metalldeckel des Brunnens und auf meine Beine, die ich im Regen ausstreckte, einem kalten Regen, der die stickigen Stunden voller Sonne und Hitze vertrieb.

So blieb ich eine Weile sitzen und hörte mir Donner und Regen an, und etwas in mir rückte wieder an die richtige Stelle, nach einem turbulenten Frühjahr, nach dem traurigen Aus einer Beziehung. Etwas beruhigte sich.

Heute Morgen möchte ich Rasma besuchen. Ich finde sie hinter dem Haus, wo sie sich im Gemüsegarten zu schaffen macht. Sie legt eine Pause ein, um sich mit mir auf die Terrasse zu setzen, und bietet mir so beharrlich einen Kaffee an, dass ich ihn schließlich annehme, obwohl gerade Ramadan ist und ich weiß, dass sie fastet. Sie serviert mir bosnischen Kaffee, den ersten bosnischen Kaffee seit meiner Ankunft, stark und dickflüssig. Wir sprechen Deutsch, unsere einzige gemeinsame Sprache, die ich radebreche und die Rasma perfekt beherrscht, nachdem sie so viele Jahre in Deutschland verbracht hat. Ich zeige ihr Fotos von meinen Kindern, ich möchte so gern etwas aus meinem Leben mit ihr teilen, ihr zeigen, wer ich bin, wenn ich mich zu Hause aufhalte, bei meinen Lieben. Rasma habe ich so kennengelernt, wie man als Journalistin eben Menschen näherkommt: Man fordert sie auf, von ihrem Leben zu erzählen, von ganz persönlichen Dingen, während man sich selbst eher bedeckt hält.

Ich sitze auf der Terrasse vor meinem dampfenden Kaffee und höre Rasma zu, die mir die Neuigkeiten aus dem Dorf berichtet. Gestern war sie in Kozarac, um mit zwei Ermittlern zu reden, einem Mann und einer Frau, die aus Sarajevo angereist waren, um Zeugen über die Kriegsereignisse vor Ort zu befragen. Vier Stunden lang stand Rasma den beiden Rede und Antwort.

»Vier Stunden!«, ruft Rasma. »Ausgerechnet im Ramadan, wenn ich weder esse noch trinke! Zwischendurch haben sie mir angeboten, eine Pause zu machen, aber ich entgegnete:

›Wozu, ich werde ja trotzdem die ganze Zeit an all das denken, was passiert ist, da kann ich es Ihnen genauso gut gleich sagen, damit wir es hinter uns haben.‹ Ich habe ihnen alles mitgeteilt, was ich zu sagen hatte, alles, was ich selbst gesehen habe. Was ich nicht mit eigenen Augen gesehen habe, kann ich nicht bezeugen, alles andere habe ich ausgesagt.«

Rasma hat so einiges gesehen. Einen Teil erzählte sie mir, als ich mit ihr für die Web-Doku Gespräche führte. Als das Dorf Trnopolje seine nichtserbischen Bewohner der Reihe nach verlor, weil man sie davonjagte oder in der seit dem Frühjahr 1992 zum Lager umfunktionierten Schule einsperrte, entschied sich Rasma fürs Bleiben und verbrachte Sommer und Herbst in einem Haus direkt neben dem Lager. Sie durchsuchte die verlassenen Häuser nach Lebensmitteln, um Essen für die Gefangenen zu kochen. Die serbischen Soldaten ließen Rasma gewähren, vielleicht waren sie beeindruckt von dieser rundlichen kleinen Frau, die einfach das tat, was sie für richtig hielt.

Gestern wurde sie von den Ermittlern im Auto abgeholt.

»Und dann bin ich mit dem Taxi nach Hause zurückgefahren. Auf eigene Kosten.«

»Aber sie hätten dir wenigstens die Heimfahrt bezahlen können.«

Sie winkt ab, ein Handzeichen, das sowohl *ist doch egal* als auch *was soll man von denen schon erwarten* bedeutet. Unter Umständen hatten sie ihr angeboten, sie wieder zu Hause abzusetzen, und es war Rasma lieber gewesen, ein Taxi zu nehmen, als in diesem Auto ins Dorf zurückzukehren, das jedem aufgefallen wäre. Es reichte, dass man sie darin hatte wegfahren sehen ...

»Weißt du, dass Nina jetzt im Altersheim ist? Als sie letzten Herbst die Bilder von Tomašica im Fernsehen gesehen hat, hielt sie es nicht mehr aus. Sie wollte nur noch ihre Koffer packen und von hier weg.«

»Ich habe ihren Hund gesehen, er kommt immer wieder vorbei.«

»Ach ja, Rocky. Sie redet ständig davon. Von ihrem Haus und ihrem Hund. Jetzt wird es allmählich besser.«

»Und was ist mit deinem Sohn? Kommt er diesen Sommer nach Bosnien? Und bringt er seine Kinder mit?«

»Ja, nächste Woche! Jetzt sind sie noch am Meer, in Kroatien. Die Zwillinge sind schon sechs, stell dir vor! Nach den Ferien kommen sie in die Schule.« Sie zieht ein Foto hervor und zeigt mir ihre pausbäckigen Kindergesichter.

»Mein Ältester hat sich in der Nähe ein Haus bauen lassen, nur acht Kilometer von hier entfernt, und mein Jüngster auch. So haben sie einen Ort für die Ferien. Sie lassen sich alle so große Häuser bauen, obwohl sie nur für ein paar Wochen im Jahr hierherkommen. Emiras anderer Nachbar lebt eigentlich in Schweden, aber er hat ein Haus mit achtzehn Zimmern gebaut. Stell dir das mal vor, achtzehn Zimmer! Wozu? Sie sind doch fast nie da!« Sie verzieht das Gesicht, um ihr Unverständnis deutlich zu machen und sicherzugehen, dass ich trotz meiner mangelhaften Deutschkenntnisse begreife, was sie meint. Danach weist sie mit einer ausgreifenden Geste auf Terrasse und Garten.

»Ich hingegen fühle mich hier wohl, in meinem Häuschen, mit meinem Gärtchen. Davor hatte ich ein großes Haus, ein Auto, einen Traktor, Ländereien, und binnen einer Woche war alles weg. Restlos alles. Was hat man also davon? Jetzt habe ich mein Barbie-Haus, meinen Gemüsegarten, und es ist wunderbar so.«

»Und du bist die Barbie.«

»Eine dicke Barbie, wenn schon!«, erwidert sie und lacht schallend.

»Aber ohne Ken.«

»Ohne Ken. Damit ist es vorbei! ›Wo willst du hin? Was hast du vor?‹ Nein, damit ist endgültig Schluss. Ich will einfach nur meine Freiheit.«

Ich frage Rasma, was sie dieses Jahr in ihrem Gemüsegarten zieht. Meine Neugier belustigt sie: »Genau wie Mirela, sie will es auch immer ganz genau wissen«, sagt sie und schleift mich hinters Haus, zu ihrer grünen Schatulle, in der sie stundenlang ihre Pflanzen hegt und pflegt.

»Hier sind Kartoffeln, Zwiebeln, Auberginen, Tomaten, grüne Bohnen, weiße Bohnen, Spinat, Paprika natürlich, Petersilie, Dill, Steckrüben, Kohl, große Gurken und kleine Gurken, die kleinen schmecken besser. Was soll ich dir mitgeben? Na klar gebe ich dir was mit. Du magst das doch alles, oder? Weißt du, wie man Paprika zubereitet? Ganz einfach, du brätst sie in der Pfanne an, fügst etwas Sahne hinzu, dauert nur fünf Minuten und ist köstlich. Natürlich nimmst du welche mit! Nein, das ist nicht zu viel. Du magst doch Paprika, oder?«

Ich bin mit einem Sack voll Gemüse heimgekehrt. Davor war ich noch im Laden, um Kajmak zu kaufen, eine dicke, etwas säuerliche einheimische Sahne, und auch Zigaretten für Mehmed, der heute Abend mit Emira und Mirela zurückkommt. Für den Heimweg habe ich die Hauptstraße genommen und mir die wiedererrichteten Häuser angesehen, gerade solche mit achtzehn Zimmern, die ihren einstigen Zerstörern eine lange Nase zu drehen scheinen: Du glaubtest, mich vernichtet zu haben – tja, da steht es wieder, mein Haus, nur größer als zuvor! An der fünf Kilometer langen Strecke zwischen Trnopolje und Kozarac gibt es Dutzende solcher Häuser, riesig, mit prächtigen Balkons, mächtigen Pfeilern und imposanten Toren. Wenn man die Höhen von Kozarac erklimmt, hat man den Eindruck, dass diese Häuser sich durch ihre schiere Größe gegenseitig überbieten wollen. Sie füllen sich im Sommer, wenn die Bosniaken aus ihrer Diaspora zurückkehren und die Anzahl der Bewohner in den umliegenden Dörfern verzehnfachen. Im Herbst werden die Fensterläden zugeklappt, die Türen verriegelt, und nur die Mitarbeiter der Wachdienste, dieses neuen Geschäftszweigs, der seit einigen Jahren in der Gegend blüht, kommen ab und zu vorbei, um nach dem Rechten zu sehen. Die Häuser derjenigen, die das ganze Jahr hier leben, sind am kleinsten, und manche bestehen aus Rohziegeln; ihre Bewohner haben sich endgültig wieder hier niedergelassen und verdienen bei Weitem nicht so viel Geld wie die anderen, die ins Ausland gegangen sind.

Ruinen gibt es auch, einige bestehen nur noch aus einer Betonplatte, die allmählich überwuchert wird, Unkraut sprießt an Mauerresten. Vorhin hat Rasma mir das Haus gegenüber gezeigt, ein aufgebrochenes Haus aus rotem Backstein, ohne Dach, mit klaffenden Löchern anstelle der Türen und Fenster, seit Jahren verlassen.

»Schade«, meinte Rasma. »Sie hatten es gerade fertig gebaut, und dann kam der Krieg und die Tschetniks haben alles darin an sich gerissen, sogar die Stromkabel, einfach alles! Und sie leben jetzt in den USA, ein einziges Mal sind sie zurückgekehrt, danach nie wieder. Warum verkaufen sie dann nicht das Grundstück? Damit jemand anders es bebauen kann. Schade drum.«

Im Gehen denke ich, dass sie es vermutlich nicht übers Herz bringen, die letzte Verbindung zur Heimat, aus der man sie vertrieben hat, zu kappen. Dort, wo für Rasma das Leben einfach weitergeht, weitergehen muss – wie sollte es für sie anders sein, da sie ihren Alltag hier verlebt? –, hätte die inzwischen amerikanisch gewordene Familie vielleicht das Gefühl, ihre Wurzeln zu verlieren, wenn sie das letzte bisschen aufgäbe, das ihr hier noch bleibt. Oder vielleicht ist es auch nur zu kompliziert, den Verkauf vom anderen Ende des Planeten aus zu organisieren. Rasma wiederum hätte gegenüber lieber ein wiederhergerichtetes und bewohntes Haus als diese ständige Erinnerung an den Krieg.

Zu Hause bereite ich meine Paprikaschoten mit roten Zwiebeln und Kajmak zu, koste sie, schließe die Augen, genieße den Geschmack dieser Gegend, denke an Rasma in ihrem Garten, an die Liebe und Sorgfalt, die sie ihrem Gemüse angedeihen lässt, und erinnere mich an das, was Sudbin am Tag meiner Ankunft sagte: »Man sollte alles wertschätzen, was einem das Leben versüßt.«

Abends kommen die Bewohner des Hauses zurück, ich umarme Emira und Mirela, überreiche Mehmed die Zigaretten, so machen wir es seit vier Jahren bei jedem meiner Besuche. Ich wechsle von Englisch und Deutsch wieder zu Französisch, und wir reden bis tief in die Nacht und verkosten dabei Emiras selbstgemachten Kirschlikör. Sie erzählt mir von den Renovierungsarbeiten, die für diesen Sommer geplant sind, von den jüngsten Pflanzungen in ihrem Garten, von den Neuigkeiten aus dem Winter, den sie mit Mehmed in Frankreich verbringt. Seit 1992 leben sie dort, sind als Flüchtlinge hingekommen, mit ihren beiden Töchtern, die damals zehn und acht Jahre alt waren, ohne das Land zu kennen oder dessen Sprache zu beherrschen, erleichtert, noch am Leben zu sein, und gezeichnet von den Monaten, die Mehmed in verschiedenen Lagern und Emira auf der Straße verbracht hatte, als sie mit ihren zwei kleinen Mädchen geflohen war.

Inzwischen sind die Mädchen erwachsen, Mirela ist nach Bosnien zurückgekehrt und wohnt in Tuzla, Medina hat sich in Frankreich ein Leben aufgebaut, und die Eltern pendeln zwischen beiden Ländern – die Sommermonate hüben, im Haus, das sie wiederaufbauen ließen, und die Wintermonate drüben.

»Mama hat sich deinetwegen Sorgen gemacht«, neckt mich Mirela. »Sie dachte, du würdest dich hier fürchten, nachdem du all diese Geschichten gehört hast.«

»Dazu besteht kein Grund«, sage ich und lächle Emira an, die betreten dreinschaut. »Bei euch fühle ich mich immer wohl.«

Als ich am nächsten Morgen aufwache, denke ich gleich an Senem. Heute werden die 284 Särge aus Šejkovača abtransportiert. Sie wird deren Verladung überwachen, wird die Toten davonziehen sehen, die sie aus der Erde geborgen hat, wird verfolgen, wie sie die Halle verlassen, in der sie zehn Monate lang unter einer Salzschicht verblieben waren, wie in den Geschichtsbüchern beschrieben, die Senem herangezogen hatte. Die Lastwagen werden die 45 Kilometer von der Leichenhalle zum Dorf Kozarac zurücklegen, werden über Prijedor fahren und die Stadt durchqueren, die Richtung nach Banja Luka einschlagen und an der großen Kreuzung links abbiegen, dort, wo die Straße sich gabelt und einerseits nach Kozarac führt, andererseits nach Trnopolje. Sie werden vor dem Stadion von Kozarac halten, bevor man die Särge entlädt und auf dem Rasen aufreiht, wo sie die ganze Länge des Fußballfelds einnehmen. Dort wird heute die Totenwache und morgen die Trauerfeier abgehalten.

Als ich vor drei Tagen in Šejkovača war, kam Senem wieder auf den Geruch zu sprechen: »Keine Ahnung, wie er sich auswirkt. Es könnte sehr heiß werden. Leichensack und Grabtuch werden ihn etwas zügeln, aber ich glaube schon, dass man ihn wahrnehmen wird.« Für sie eine verstörende Vorstellung, der

Hinterbliebenen wegen. Und durchaus auch wegen der Toten. Es wäre Senem lieber gewesen, dass man sie bestattet, ohne sie vorher Sonne, Wind und der nächtlichen Feuchtigkeit auszusetzen.

Nach dem Frühstück sende ich ihr eine SMS:»Liebe Senem, heute Morgen denke ich an Dich. Du leistest kostbare Arbeit, um den Toten ihre Würde zurückzugeben.« Etwas später antwortet sie:»Dieser Tag ist für mich sehr aufwühlend. Danke für Deinen Zuspruch.«

Abends warte ich in der Kneipe des Busbahnhofs von Prijedor auf Mirela. Der letzte Bus, der an der Weggabelung zwischen Trnopolje und Kozarac hält, ist schon weg, und sie hat versprochen, mich mit dem Auto abzuholen. Ich habe mich auf die Terrasse des Time Out gesetzt, einer dieser gesichts- und reizlosen Bahnhofskneipen, denen die Laufkundschaft auch ohne schicke Deko oder raffinierte Speisekarte sicher ist. Der einzige andere Gast ist ein kahlköpfiger älterer Herr, der sich mit einer Hand auf seinen Spazierstock stützt und mit der anderen über seinen grau melierten Schnurrbart streicht. Die Stühle mit den roten Kissen werben für das Bier der Marke Nektar, über die runden Tische sind blaue Plastikdecken mit einem Muster aus gelben und violetten Blümchenreihen gebreitet. Junge Mädchen in T-Shirts und Shorts überqueren die Straße und ziehen ihre Koffer hinter sich her.

Es ist Sommer in Prijedor.

Vorhin habe ich Nemanja getroffen, im Café am Fluss. Eine Cola für mich, für ihn ein Bier. Am Ende hat er sich entschuldigt: »*I am totally broke*, ich bin völlig pleite.« Er findet immer noch keine richtige Arbeit, träumt immer noch davon, Bosnien zu verlassen. Als ich ihm sage, dass ich hergekommen bin, um Ferien zu machen und die Trauerfeier zu besuchen, wirkt er ungläubig und amüsiert zugleich. »Ferien? Ausgerechnet in diesem Land, in dieser Stadt?« Das erscheint ihm, der sich dermaßen nach einem Leben fern dieses verstellten Horizonts sehnt, sicher vollkommen verrückt.

Ich erkläre ihm, warum es mich hierher zieht und dass ich den anderen Teil der Geschichte aufzeigen will, diesen »Krieg um das Gedenken«, der immer noch stattfindet. Mir ist nicht klar, was er davon hält. Er erzählt mir von seinen spärlichen Erinnerungen an den Krieg, kindliche Erinnerungen, die entweder leicht verwischt oder im Gegenteil ganz klar und präzise sind, wie dieser Satz seiner Mutter, als sie im Keller Zuflucht suchen mussten: »Jetzt kann alles passieren. Sie nehmen gerade Prijedor ein.« Damals war Nemanja sieben Jahre alt, sein Vater kämpfte an der Front, er befand sich mit seiner Mutter und seinem kleinen Bruder im Keller. Kurz darauf verließen sie die Stadt und flohen zu einem Cousin unweit des Kozara-Gebirges, abseits der Kämpfe. Danach schickte seine Mutter ihn und seinen Bruder nach Serbien, in das Dorf, aus dem sie stammte.

»Bei jeder Slava zu Ehren des Familienschutzheiligen muss man dort eine Geschichte aus dem Krieg erzählen.«

»Gibst du mir ein Beispiel?«

»Lieber nicht.«

»Warum?«

»Weil ... ich glaube, dass die Menschen verseucht sind von sämtlichen politischen Problemen in diesem Land, von all den Geschichten, die ihnen zu Ohren kommen. Bei diesen Gelegenheiten halte ich den Mund. In meiner Familie bin ich immer derjenige, der anderer Meinung ist als alle anderen, und ich habe keine Lust, mich ständig zu streiten.«

Gerade geht die Sonne hinter den Wohnhäusern am Busbahnhof unter, die Hitze des Nachmittags ist verflogen. Bleibt nur die laue Abendbrise auf meinen Armen, noch für ein paar Augenblicke, bevor die kühle Nachtluft aufkommt.

Nemanja hat recht. Es ist sicher merkwürdig, die Ferien hier zu verbringen, in diesem Land, in dieser Stadt, aus diesem Anlass, inmitten dieser Geschichten. Dennoch ist der Ort für mich heilsam, fühle ich mich hier am richtigen Platz, als Ausländerin, die sich auf der Terrasse der Bahnhofskneipe Time Out Notizen macht, während die Sonne untergeht und außer mir nur noch ein alter Mann mit seinem Spazierstock hier ist, inmitten der runden Tische mit den blauen Decken, die von Reihen aus gelben und violetten Blumen durchzogen sind. Nein. Blasslila. Dieses Wort habe ich gesucht. Gelbe und blasslila Blumen.

Unterwegs nach Kozarac erzählt Mirela von ihrem Besuch bei ihrer Tante Nina im Altersheim, vorhin, just, als die Lastwagen voller Särge das Gebäude passierten, das direkt an der Straße von Prijedor nach Banja Luka steht. Sie hat Nina ins Haus geschleift, um ihr diesen Anblick zu ersparen.

»Ich hoffe, dass sich morgen jemand um sie kümmern wird, der sie ablenkt, der sie auf andere Gedanken bringt«, sagt Mirela auf dem Weg zur Totenwache. »Vorerst möchte sie ihren Sohn nicht bestatten. Sie will noch warten, man weiß ja nie, vielleicht wird noch mehr gefunden, wenn weitere Grabungen stattfinden. Wenn es aber so kommt, wird sie wie viele andere Mütter ...« Mirela zögert, bevor sie ihren Satz beendet: »Ich weiß nicht, wie sie das überstehen soll.«

In Kozarac ist es rund ums Stadion bereits dunkel, die Scheinwerfer beleuchten das Fußballfeld. Dort sind die Särge aufgereiht, Seite an Seite, über die ganze Länge des grünen Rasens. Sie werden von Hinterbliebenen umringt, manche haben Matten mitgebracht, um sich ins Gras zu setzen, andere schlendern von einem Sarg zum nächsten, auf der Suche nach einem vertrauten Namen, hocken sich hin, um über das grüne Grabtuch zu streichen und ein Gebet zu sprechen. Viele sind mit ihrer ganzen Familie gekommen, Kinder klammern sich an die Hand ihres Vaters oder ihrer Großmutter. Vor einem Sarg hat ein Mann einen Plastikstuhl aufgestellt, reglos sitzt er darauf, im Lichtkreis einer Stadionlampe. Später stellt er den Stuhl weg und kniet sich an der gleichen Stelle hin, um zu beten oder vielleicht auch nur, um dem Menschen noch ein wenig näher zu kommen, von dem er gerade Abschied nimmt.

Am nächsten Tag ist das Stadion proppenvoll. Es sind so viele gekommen, dass ich nicht einmal versuche, es zu betreten, Mirela lässt es auch sein. Ihre Eltern und Rasma haben sich am Rand niedergelassen, im Schatten der Bäume. Für Mehmed hat Emira einen kleinen Klapphocker hervorgeholt. Ich halte mich abseits. Ich brauche das Alleinsein und die Stille. Und so gehe ich umher, neben den Lastwagen, Sattelschleppern und Kleintransportern, die am Straßenrand stehen, entlang des Zauns des Stadions, in dem die Särge aufgereiht sind, zwischen dem Podest, das für die Reden und Gebete errichtet wurde, und der riesigen Menge von Trauergästen, die Männer vorne, die Frauen dahinter.

Vor dem Podest drängen sich Fotografen, Kameraleute, Journalisten mit dem Mikro in der Hand und warten auf die Politiker und andere Personen des öffentlichen Lebens, die gerade eintreffen, mit Anzug und dunkler Krawatte, von Leibwächtern flankiert und von Ordnungshütern. Angesichts dieses Menschenauflaufs wird mir bewusst, dass ich meinen journalistischen Blick endgültig aufgegeben habe.

Ich schlängle mich zwischen die Lastwagen, es riecht nach Benzin und Reifengummi, die Planen sind links und rechts mit Blumen geschmückt, die entweder in den Ösen stecken oder mit Klebeband befestigt wurden. Rosen, Nelken, Löwenzahn, alle bereits verwelkt in der sengenden Sonne, die heute das Dorf bescheint.

In dieser Geschichte kommen ständig Lastwagen vor, bei jeder Etappe, ob in Čarakovo, Zecovi, Hambarine, Tomašica oder Jakarina Kosa. Einige von den Männern, die heute hier sind und in den vollgepackten Reihen stehen, bewahren in ihrer Erinnerung Bilder von Lastwagen voller Leichen, die das Lager in Keraterm verlassen, von Blutspuren auf dem Asphalt. Vielleicht sollte man im Fall eines Völkermords zuallererst Lastwagenfahrer, Busfahrer und Lokführer befragen. Sie wissen nämlich Bescheid. Wie dieser Fahrer, der die Ermittler zum Massengrab von Tomašica geführt hat.

Heute sind es vierzehn Lastwagen, die mit offenen Ladetüren entlang des Stadions stehen. Manche sind mit bosnisch-herzegowinischen Flaggen geschmückt. Die Toten, die sie nachher zu verschiedenen Friedhöfen transportieren werden, konnten nicht wissen, dass es eines Tages dieses Land geben würde, mit dieser Flagge, dieser Hymne, die gerade im Stadion angestimmt wird. Ein Gedanke, der mich betrübt. Sie sind so oder so umsonst gestorben, selbst wenn sie es gewusst hätten. Sie sind aufgrund von Wahn und Hass gestorben, aufgrund der Angst, die aus reinem Machtstreben verbreitet wurde. Hier bezeichnet man sie als Märtyrer, als wollte man ihrem Tod im Nachhinein einen Sinn verleihen.

Nach den Reden und Gebeten werden die Särge aus dem Stadion getragen, Angehörige, Freunde, Bekannte bringen sie zu den Lastwagen, die sie in ihren Laderäumen verschwinden lassen. Ich sehe, wie die Särge näher kommen, von vielen Händen auf Schulterhöhe getragen, Dutzende und Aberdutzende von grünen Grabtüchern, die vor meinen Augen vorbeiziehen, während die Namen der Verstorbenen über die Lautsprecheranlage verlesen werden. Ich höre die lange Liste der Duratović, Mirsads Familie. Ihn erblicke ich von fern, im Gespräch mit einem der Fahrer. Selbst wenn er heute sieben Angehörige bestattet, gehört er nach wie vor zum Organisationsteam. Er ist abgemagert, sein Gesicht abgespannt, er sieht aus wie fünfzig, dabei ist er erst vierzig, so alt wie ich. Er gibt Handzeichen, welcher Lastwagen fährt zuerst, braucht es dazwischen noch ein Polizeifahrzeug, nein, das geht auch so, und schon springt er in sein Auto und fährt ebenfalls los. Es ist wirklich heiß. Schweiß rinnt mir über den Rücken, über die bedeckten Arme, unter meinem Kopftuch, und ich denke an die Angehörigen, die seit Stunden hier in der Sonne stehen, viele waren schon gestern Abend da, haben die Nacht vor Ort verbracht und Totenwache gehalten, und gleichzeitig fasten sie alle wegen des Ramadans.

Gestern bin ich die Liste noch einmal durchgegangen: Die Namen von Fikrets Frau und seinen Kindern stehen nicht drauf.

Ich blicke den Lastwagen nach, ein Trauerzug aus Sattelschleppern und Kleintransportern, die Fenster alle geöffnet, weil der Geruch, der im Freien kaum wahrnehmbar ist, sich im Innenraum der Fahrzeuge verdichtet hat. Sofort habe ich das Massengrab wieder vor Augen, die Halle, die mit Salz überzogenen Leichen. Ich denke an Senem, die gestern demselben Trauerzug nachgeblickt hat, beim Abtransport aus Šejkovača. Wie hat sie sich wohl von all diesen Toten verabschiedet, die durch ihre Hände gegangen sind? Am liebsten würde ich ihr sagen: »Keine Sorge, der Geruch fällt kaum auf, du hast alle notwendigen Vorkehrungen getroffen.«

Während die Lastwagen die umliegenden Friedhöfe ansteuern, entscheide ich mich, ihnen nicht zu folgen. Hier endet meine Geschichte mit diesen Toten. Ein Gedanke, den ich ganz in Ruhe sacken lasse. Ich gehe die Straße wieder hinauf, durchquere das nunmehr leere Stadion, gerade werden die Lautsprecher eingepackt und das Podest abgebaut. Auf dem Rasen bleibt keine Spur mehr von den Särgen und der Trauerfeier, von ein paar leeren Wasserflaschen abgesehen.

Ich nehme die Hauptstraße bis zu meinem Stammcafé, bestelle Zitronenwasser. Feriengäste bummeln über die Čaršija, die das Dorf durchzieht und als Treffpunkt dient, dort begegnet man den Bekannten, tauscht die Neuigkeiten vom vergangenen Jahr aus. Nach und nach füllen sich die Terrassen, man bestellt einen Kaffee, unterhält sich mit einem Cousin, der aus Deutschland angereist ist, mit einem anderen aus den USA, den man seit Jahren nicht gesehen hat. Am Straßenrand parken Autos, die Kennzeichen aus allen Ecken und Enden Europas aufweisen, von Schweden bis Italien. An diesem Trauertag ist die Musik verstummt, aber für morgen ist laut Aushang an einem Baum schon wieder ein Konzert angesagt, im Restaurant Stara Bašta, und ein weiteres am nächsten Wochenende, auf der Bühne des Wasserparks gleich neben der großen Moschee.

Abends zieht sich das Iftar-Mahl im Garten der Maroslić lange hin, aber es herrscht eine andere Atmosphäre als gewöhnlich während dieses ausgedehnten Fastenbrechens, bei dem sonst schallend gelacht, fröhlich geschwatzt und Vertrauliches ausgetauscht wird. Heute Abend bricht immer wieder die Vergangenheit durch, auf einmal sind alle hochempfindlich. Ob beim Sprechen oder im Stillen, ständig ist das Zögern zu spüren – soll man darüber reden oder lieber das Thema wechseln? Dessen ungeachtet hängt die Luft voller Erinnerungen und voller Schmerz über eine Lücke, die niemals geschlossen werden kann. Es ist zum Ersticken.

Nachts schleichen sich ihre Geschichten in meine Träume. Ich sehe meinen Sohn in einem Lager, und auch meinen Vater, tröste mich damit, dass sie wenigstens zusammen dort sind, und habe furchtbare Schuldgefühle, weil es mir nicht gelungen ist, ihnen dieses Los zu ersparen.

Beim Aufwachen schwirrt mir der Kopf. Mehmed erwartet mich schon in der Küche, ich koche für uns beide Kaffee, und er meint, wir sollten ihn auf der Terrasse trinken. Wir setzen uns mit unseren Tassen und der Kaffeekanne hin, er probiert sein Französisch aus und ich mein Bosnisch, und zwischendurch schweigen wir einfach. Ich fühle mich wohl in seiner Gesellschaft. In der Ferne muht eine Kuh. »Krava«, sagt Mehmed, ich wiederhole: »Krava.« – »*Vache*, Kuh«, übersetze ich, und er bestätigt: »Ja.« Dann steht er auf, um eine Zigarette zu rauchen, ich bringe die Tassen in die Küche zurück, setze mich auf eines der beiden beigen Sofas, ein Sonnenstrahl fällt durch den Vorhang der Fenstertür, die von einem Paar Hausschuhe in Knallpink und Apfelgrün aufgehalten wird. Daneben, auf einem Hocker aus hellem Holz mit weißem Spitzendeckchen, spielt das Radio einen Song von Elvis, auf der Lehne des Sofas gegenüber ruht Mehmeds Schirmmütze. Ich möchte mich unbedingt an dieses Bild erinnern, an die Hausschuhe, das Spitzendeckchen, die Schirmmütze und das schräg einfallende Morgenlicht. Das hier ist inzwischen mehr als eine Geschichte, es ist das, was meinen Freunden widerfahren ist, samt ihren Erinnerungen, ihren Albträumen, ihrem Leben, von dem ein winziger Teil in mir Platz gefunden hat.

7

»ICH LIEBE BÄUME«

Darija hat mich zur Terrasse des Hotels Vrbas geführt, einer Holzterrasse auf Pfählen mit Blick auf den gleichnamigen Fluss. Sie hat den Tisch in der Ecke ausgesucht, im kühlen Schatten eines prächtigen Riesenbaums, von denen es in Banja Luka viele gibt. Die Stadt wurde im Krieg kein einziges Mal bombardiert, und so sind die Bäume erhalten geblieben. Darija hat nilgrüne Augen und einen bohrenden Blick, den Blick einer Frau, der nichts Menschliches fremd ist.

»Ich liebe Bäume«, sagt sie und dreht sich eine Zigarette. »Vor allem diesen hier.«

Ihre Stimme ist rau, das blonde Haar zu einem Dutt hochgesteckt, mit ein paar widerspenstigen Strähnen im Nacken, sie trägt weiße Jeans und ein dunkelblaues T-Shirt.

Darija ist eine Freundin von Senem. Auch sie arbeitet für die ICMP, in der Blutprobenabteilung. Sie sucht die Hinterbliebenen auf, um Informationen über die Vermissten zu sammeln und Blutproben zur späteren Identifikation von aufgefundenen sterblichen Überresten abzunehmen. Sie ist diejenige, die Senem tröstete, als diese beim Anblick einer überfahrenen Katze auf der Straße nach Banja Luka in Tränen ausgebrochen war, und zu ihr sagte, manchmal drehe sie ebenfalls wegen einer Kleinigkeit durch. Vor ein paar Tagen hat Senem mir zwischen zwei Einsargungen in Šejkovača geraten, mich an Darija zu wenden. »Sie ist nämlich Serbin. Triff dich mit ihr.«

Und so bin ich heute Morgen am kleinen Bahnhof von Trnopolje in den Zug gestiegen, in einen dieser alten Züge, die noch über Aschenbecher verfügen und über gut gepolsterte Sitze und denen in Bosnien ein zweites Leben beschert wird. Dieser stammte aus Schweden, wie ich am Wort *Avfallskorg* über dem Müllbehälter erkannte. Im Wagen roch es nach kaltem Tabak, mein Fahrschein war vom einzigen Bahnhofsmitarbeiter per Hand ausgestellt worden, und das erinnerte mich an die Züge meiner Jugend in Finnland, meinem Geburtsland, das ich erst mit fünfzehn Jahren wirklich kennengelernt und mit dem Zug erkundet habe, berauscht von dieser neuen Freiheit, die es mir erlaubte, allein zu reisen.

Darija hat mich am Bahnhof von Banja Luka abgeholt und mich hierhergebracht, unter diesen imposanten Baum. Jetzt zündet sie sich die fertige Selbstgedrehte an, rührt in ihrem soeben servierten Kaffee und fragt: »Was suchst du eigentlich?«

Die Frage erwischt mich kalt. Ich antworte mit der einzigen Gewissheit, die ich momentan habe: »Ich suche sicher einen Grund, um hierher zurückzukommen.«

Das bringt sie zum Lächeln.

»Ich möchte verstehen, wie es hier für diejenigen war, die nicht ins Exil gezwungen wurden«, erkläre ich.

»Verstehe.«

»Seit wann arbeitest du für die ICMP?«

»Ich habe 2000 dort angefangen, ein Jahr vor Senem. So sind wir uns begegnet.«

Sie rührt weiter in ihrem Kaffee, zieht an ihrer Zigarette, und dann beginnt sie zu erzählen.

»Es war reiner Zufall. Der Krieg war seit fünf Jahren vorbei, ich jobbte hier und da. Ich hätte gern Kunst studiert, aber da funkte der Krieg dazwischen, und meine Eltern hatten nicht genug Geld, um ein Studium zu finanzieren. Und dann hat mein Bruder die Stellenanzeige gesehen. Damals arbeitete er als Chauffeur für das Büro des Hohen Repräsentanten.* Die ICMP suchte Leute für die Blutprobenentnahme. Und ich dachte: Warum nicht? Ursprünglich war der Vertrag auf ein Jahr befristet. Inzwischen sind es fünfzehn Jahre!« Sie lacht schallend.

Zunächst suchte Darija nur serbische Familien auf. Die Spannungen zwischen den Gemeinschaften waren so groß, dass es praktisch nicht anders ging. Genau deswegen war das Büro in Banja Luka eröffnet worden, um zu vermeiden, dass sich die Teams aus Tuzla, einer Stadt auf dem Gebiet der Föderation Bosnien und Herzegowina, in die Republika Srpska begeben mussten, wo sie nicht willkommen waren. Darija, eine Serbin väterlicherseits und Kroatin mütterlicherseits, stammt aus Banja Luka und arbeitete damals mit fünf Kollegen zusammen. Es hatte auch ein Büro in Sanski Most gegeben, wo die Bevölkerung mehrheitlich aus geflüchteten Bosniaken besteht. Es befand sich neben dem Busbahnhof, an dem ich ausgestiegen war, als ich zum ersten Mal die Leichenhalle von Šejkovača besuchte.

Als der Bedarf schließlich schwand, wurde dieses Büro geschlossen und die Entscheidung getroffen, in Banja Luka nur noch eine Ermittlerin zu beschäftigen: Darija. Auf einmal war sie ganz allein für ein Drittel des Landes zuständig, das sie mit dem Auto abfährt, von einem Dorf zum nächsten, um Informationen und Blutproben zu sammeln.

»Ich lebe in meinem Auto«, sagt sie und lächelt. Ein kleines blaues Auto mit Diplomatenkennzeichen, weil die ICMP den Status einer internationalen Organisation hat. Über dieses

---

* Der Hohe Repräsentant, die höchste politische Instanz des Landes, wird von der internationalen Gemeinschaft ernannt. Eine Maßnahme aus der unmittelbaren Nachkriegszeit, die bis heute Bestand hat. (Anmerkung der Autorin).

Detail muss wiederum ich lächeln. Weder Darija noch ihr Gefährt entsprechen dem Image eines diplomatischen Korps. Sie wirkt in ihrem verbeulten Autochen eher wie ein balkanisches Cowgirl, das mit der Fluppe im Mundwinkel durch die Gegend kurvt.

Darija teilt nicht ganz die Einschätzung ihrer Vorgesetzten, wonach der Bedarf geringer wird. Seit einigen Jahren begnügt sie sich nicht mehr damit, die offiziellen Vermisstenlisten abzuarbeiten, sondern ermittelt selbst vor Ort. Und weil sie ständig unterwegs ist und alles auslotet, erfasst sie auch Vermisste, die bisher nirgendwo verzeichnet waren, die niemand gemeldet hatte.

»So gibt es zum Beispiel in der Nähe von Banja Luka ein Dorf, das vollkommen dem Erdboden gleichgemacht wurde. In der Datenbank findet sich kein einziger Vermisster aus diesem Ort, und das kann ja nicht sein. Also bin ich hingefahren und habe schließlich jemanden getroffen, der mir sagte, die Leute seien alle nach Kroatien geflohen. Er hat mir auch den Namen eines kroatischen Dorfes genannt. Nach meiner Rückkehr habe ich das Telefonbuch zur Hand genommen und überall angerufen. Es gab tatsächlich Vermisste, von denen aber kein einziger gemeldet worden war. Da habe ich die kroatischen Behörden kontaktiert, und sie haben mir gestattet, hinzufahren und Blutproben abzunehmen. Davor hatte sich niemand um diese Familien gekümmert.«

In Darijas Stimme klingt Wut an, die gleiche Wut wie bei Senem, wenn sie den Eindruck hat, man erweise den Toten oder den Hinterbliebenen nicht genug Respekt.

»Ich bin der Meinung, dass jeder das Recht hat, aufmerksam angehört zu werden«, sagt Darija und drückt ihre Zigarette aus. »Manchmal dauert es nur fünf Minuten, manchmal zwei Stunden. Ich gehe auf die Leute zu, ich lausche ihnen. Und bin jedes

Mal aufs Neue berührt von ihren Geschichten, von ihren Gesten. Oft haben sie sich vorbereitet, Fotos herausgesucht, wenn sie noch welche hatten. Sie stellen Kaffee und Kekse bereit, laden mich ein, zum Mittag- oder zum Abendessen zu bleiben.«

»Und wurdest du schon mal von Bosniaken abgewiesen?«

»Nein, nie. Natürlich wissen die muslimischen Familien auf Anhieb, dass ich Serbin bin, wegen meines Vornamens. Aber ich bin nie auf Ablehnung gestoßen. Wer einen geliebten Menschen verloren hat, ist keineswegs von Hass erfüllt.«

»Meinst du wirklich?«

Ich erzähle ihr von zwei jungen Erwachsenen, Bruder und Schwester, Anfang zwanzig, die ich in Čarakovo, dem Dorf von Sudbin, getroffen habe. Ihr Vater war bei den Massakern im Juli 1992 getötet worden, da waren sie drei und fünf Jahre alt. Seither lebten sie mit ihrer Mutter in den USA. Nun sind sie zum ersten Mal wieder in Bosnien gewesen, um das verwaiste Haus der Familie zu sehen und ein Land zu besichtigen, an das sie sich kaum erinnerten. Und sie sprachen voller Hass: »Ich setze keinen Fuß nach Banja Luka«, hatte mir die junge Frau gesagt, und zwar auf Englisch. »Sollte ich einen Serben vor mir sehen, würde ich ihn wahrscheinlich töten wollen.« Dabei wusste sie nicht, dass ihr gegenüber tatsächlich ein Serbe saß: Zoran, der Dolmetscher, der mich begleitete und stumm zuhörte. Erst im Auto fing er an zu toben. »Was weiß sie schon? Da kommt sie für zwei Wochen hierher, nur, um uns ihren Zorn ins Gesicht zu spucken!« Darija trinkt ihren Kaffee aus, während sie mir zuhört.

»Mag sein, aber die beiden waren doch ganz klein, als sie weggezogen sind«, entgegnet sie. »Seitdem haben sie immer nur die Geschichten gehört, die ihnen in den USA von der Familie erzählt werden. Sie kennen nichts anderes, wie sollten sie also anders darüber denken?« Da hat sie durchaus recht, denke ich.

»Selbst hier hören die jungen Leute immer nur eine Version der Geschichte. Alle, die nach dem Krieg geboren wurden, wachsen in einem gespaltenen Land auf. Sogar in der Schule wird ihnen jeweils nur eine bestimmte Sicht vermittelt. Bei den Muslimen heißt es, sie seien die Helden. Bei den Serben sind Serben die Helden, und bei den Kroaten sind es die Kroaten. Niemand will in diesem Krieg der Verlierer sein. Und die jungen Leute schlucken das alles. Wenn ich ihnen zuhöre, kann ich es nicht fassen. Es ist wie eine Krankheit. Sie sind verseucht. Ich weiß nicht, ob ich in diesem Land gern Kinder großziehen würde. Wenn es so weitergeht, haben wir in zehn oder fünfzehn Jahren den nächsten Krieg.«

Das stellt sie seelenruhig fest, als handelte es sich um einen Befund, dreht sich wieder eine Zigarette und bestellt noch einen Kaffee. Bei diesen Worten läuft es mir kalt den Rücken hinunter. Ich würde ihr gern widersprechen, nein, sicher nicht, aber dann fällt mir Švabo ein, als er mir von seinem Besuch im ehemaligen Konzentrationslager Dachau erzählte, von seiner Reaktion angesichts des Mahnmals, das in mehreren Sprachen verkündet: »Nie wieder«. – »Von wegen«, meinte Švabo. »Fünfzig Jahre nach Dachau landete ich selbst in einem Lager. Stattdessen hätten sie lieber eine andere Inschrift wählen sollen: *Shit happens.*«

Also sage ich nichts und bestelle ebenfalls noch einen Kaffee.

»Dank meiner Arbeit habe ich vieles verstanden«, sagt Darija. »Ich begegne den Menschen, höre mir ihre Geschichten an. Während des Krieges haben wir in Banja Luka aber nichts von dem gewusst, was in Kozarac passierte, in Prijedor und Trnopolje. Gar nichts. Das war ein gut gehütetes Geheimnis. Ich habe es erst viele Jahre nach dem Krieg erfahren.«

»Das ist doch merkwürdig«, wende ich ein. »Diese Bilder sind um die ganze Welt gegangen, zum Beispiel die Aufnahmen von den Gefangenen hinterm Stacheldraht in Trnopolje. Sie wurden überall gezeigt, im Fernsehen, in den Zeitungen, und das schon 1992.«

»Na klar, ihr hattet ja das Fernsehen, ihr hattet Zeitungen. Wir hatten nicht einmal Strom, und die einzigen Nachrichten kamen von der Front. Für uns gab es nur Propaganda.«

»Wie war es denn in Banja Luka, während des Kriegs?«, frage ich. »Wie war es denn im Krieg?« wäre eine blöde und unverschämte Frage, und ich traue mich nicht, sie zu stellen.

»Es war voll. Zwar wurden die nichtserbischen Einwohner nach und nach vertrieben, dafür gab es aber serbische Flüchtlinge von überallher. In den Straßen herrschte ein riesiges Gedränge, die Leute kamen mit dem Auto, mit dem Fahrrad, zu Fuß. In meinem Viertel gibt es viele Muslime. Es ist eines der ältesten von Banja Luka, mit alteingesessenen Familien. Und hier zählen deine Nachbarn manchmal mehr als deine Angehörigen. Den ganzen Krieg über sind unsere muslimischen Nachbarn daheim geblieben. Sie wollten nicht weg, und mein Vater versuchte, sie zu beschützen. Sobald wir erfuhren, dass Soldaten kommen und nach Nichtserben suchen würden, versteckten sich die Nachbarn in unserem Keller. Wenn die Soldaten bei uns anklopften, sagten wir, wir seien Serben und es sei sonst niemand im Haus. Von 1995 an ging das nicht mehr, es wurde wirklich zu gefährlich. Die Nachbarn mussten fliehen, alle. Was mich aber sehr freut, ist, dass sie zurückgekehrt sind. Unser Viertel ist wieder so wie früher.« So etwas hatte ich bisher nie zu hören bekommen. Und dann erzählt mir Darija die Geschichte ihres Bruders, der mit achtzehn alt genug gewesen war, um einberufen zu werden. Er hatte jedoch beschlossen, nicht zu den Waffen zu greifen. Und so schlugen ihm die

Eltern vor, Bosnien zu verlassen. Doch er weigerte sich zu fliehen.

»Meine Eltern wollten auch, dass ich gehe. Sie wollten ihre eigene Haut retten und ihre Kinder beschützen. Aber ich wollte nicht aus Banja Luka weg. Was hätte ich denn woanders gemacht? Meine Freunde waren alle hier.«

Darija war damals dreizehn, wie meine Tochter jetzt. In diesem Alter hat man nicht die geringste Lust, seine Freunde aufzugeben, Krieg hin oder her.

»Und dein Bruder?«

»Hat sich vier Jahre lang im Keller versteckt, zusammen mit zwei Kumpels, die auch nicht wegwollten.«

Ich höre den Fluss unter der Terrasse plätschern, am Ufer gegenüber angelt ein Mann. Ich frage mich, wie es wohl ist, nach vier Jahren aus einem Keller herauszukommen.

»Jetzt denke ich, es war der schlimmste Fehler meines Lebens, dass ich nicht weggegangen bin«, sagt Darija völlig unerwartet.

»Im Ernst?«

»Nein, war ein Witz ... Vermutlich meine ich das nicht so. Aber manchmal bereue ich es, wenn ich sehe, welche Chancen sich für diejenigen ergeben haben, die weggegangen sind. Sicher, ich habe Arbeit, ich verdiene meinen Lebensunterhalt, und ich glaube wirklich, dass es sich in Bosnien gut leben lässt, selbst wenn die Löhne weit unter dem liegen, was im Ausland geboten wird. Was soll's ... Ich bereue es nur hin und wieder.«

»Und dein Bruder?«

»Dem geht es gut. Er ist inzwischen verheiratet, hat eine fünfjährige Tochter. Aber wenn man so lange in Angst gelebt hat, hinterlässt das Spuren.«

Als wir unseren Kaffee ausgetrunken haben, bietet Darija an, mir ihr Büro zu zeigen. Wir überqueren die Brücke über den Vrbas und gehen dann durch die Innenstadt mit ihren Boutiquen. Die Zweigstelle der ICMP befindet sich in einem der Krankenhausgebäude, gleich über der Gerichtsmedizin und dem Blutspendezentrum. Sie erstreckt sich über die ganze Etage, aber die meisten Büros stehen jetzt leer. Besetzt sind nur die von Darija und vom Leiter des Labors für die DNA-Analysen am anderen Ende des Gangs. Außer ihm sind im Labor noch drei Leute beschäftigt. Dort werden zunächst die Knochenproben vorbereitet, man reinigt sie, dann werden sie zu einem Pulver zermahlen, um daraus die DNA zu extrahieren. Die Blutproben, die Darija sammelt, werden in einem anderen Labor untersucht, in Tuzla, das in der Landesmitte liegt. Jahr für Jahr hantiert man bei der ICMP mit Tausenden von Proben, die aus der ganzen Welt nach Bosnien-Herzegowina geschickt werden, aus dem Kosovo, aus dem Irak – aus jedem Standort, an dem diese Organisation Identifizierungen vornimmt.

Darijas Büro ist spartanisch: ein großer Tisch, darauf der Computer, Papierstapel, ein Regal, ein kleiner Kühlschrank, um die Blutproben aufzubewahren, bevor sie ans Labor geschickt werden. Wenn Darija nicht gerade Feldarbeit betreibt, gibt sie hier die gesammelten Informationen in die Datenbank ein, telefoniert, sucht im Internet nach Angehörigen von Vermissten. Mit der Zeit wird es immer mühsamer. Die Leute sterben, ziehen um, gehen ins Ausland. Für die Identifizierung sind Blutproben von direkten Vorfahren oder Nachfahren optimal, aber nicht immer sind Eltern oder Kinder vorhanden, sondern nur Tanten, Onkel oder entfernte Cousins.

»Ich hatte mal so einen Fall, zwei Brüder im Alter von sechzehn und siebzehn, die in Kozarac vermisst wurden. In der Datenbank gab es nur die Probe einer Tante, sonst nichts.

Das reichte nicht für die Identifizierung. Heute, da die Technik immer ausgefeilter wird, klappt es auch mit den Tanten und Onkeln, aber dafür braucht man mehrere. Ich wollte die Tante kontaktieren, um Näheres zu erfahren, aber sie hatte offenbar eine neue Telefonnummer. Sie ließ sich einfach nicht aufspüren. Und so bin ich nach Kozarac gefahren, habe dort mit den Leuten geredet und schließlich einen Mann gefunden, der die Jungen kannte. Durch ihn erfuhr ich, dass die Mutter der beiden noch lebte, dass es außerdem eine Schwester und einen Bruder gab und sie alle irgendwo in den USA wohnten und nie nach Bosnien zurückkehrten. Der Mann hat mir auch erzählt, dass alle drei schwere psychische Probleme hätten. Die Mutter sei im Krankenhaus, der Bruder Alkoholiker und die Schwester unauffindbar. Er wusste nicht, ob sie verheiratet ist, ob sie einen anderen Namen angenommen hat. Unter solchen Umständen kann ich nichts mehr bewirken. Da endet meine Suche. Das Traurige ist aber, dass diese beiden toten Jungen vielleicht seit Jahren in einer Leichenhalle auf Identifizierung warten.«

Im Gespräch mit Senem hatte ich begriffen, wie komplex ihr Umgang mit den Knochen war, aufgrund der sekundären Massengräber, der vermengten Überreste, dieser ganzen Schwierigkeiten, die zu überwinden waren, bevor man zu einer untersuchungsfähigen DNA-Probe gelangte. Wenn ich jetzt Darija zuhöre, stellt sich heraus, wie komplex der Umgang mit den Lebenden ist, die schweigen, weiterziehen, alle Brücken hinter sich abbrechen, die vergessen wollen, die sterben. Die DNA mag zwar eine Blutsverwandtschaft nachweisen, aber sie verrät nichts über Streitigkeiten oder Ressentiments, über Kränkungen oder Vorwürfe, sie verrät nichts über die Liebe, die es gab oder auch nicht. Darija entwirrt keine Knochen, sie sondiert Familiengeschichten und die Erinnerungen der Lebenden.

»Manche serbischen Familien wollen keine Blutproben abgeben, weil sie Angst haben, dass sie in die Hände von Muslimen fallen. Das macht mich richtig wütend. Ich erkläre ihnen dann, dass niemand ihren Namen erfahren wird, dass sämtliche Proben anonymisiert und lediglich mit Strichcodes versehen sind. Ich sage: ›Wollen Sie etwa nicht, dass Ihr Sohn in Frieden ruht, wollen Sie kein Grab, das Sie aufsuchen können? Glauben Sie nicht, dass Ihr Sohn wenigstens das verdient, anstatt namenlos in der Leichenhalle zu liegen?‹ Manchmal kann ich sie umstimmen. Aber ich beiße auch oft auf Granit. Dann sagen sie: ›Die Erde ist überall heilig, was macht es für einen Unterschied, wo er begraben wird.‹ Und am Ende legen sie einfach auf, das ist mir schon mehrmals passiert. Und dabei bin ich mir fast sicher, dass der Tote seit zehn oder fünfzehn Jahren in irgendeiner Leichenhalle auf seine Identifizierung wartet.«

Zu Fuß kehren wir in die Innenstadt zurück. Ich bin noch mit Zoran verabredet, der versprochen hat, mir eine Flasche Rakija mitzubringen, bevor ich wieder zu Emira und Mehmed fahre. Unterwegs erzähle ich Darija von meinen Eindrücken.

»Viele Serben sind der Meinung, dass man wegen der ethnischen Säuberung immer nur über das spricht, was den Bosniaken angetan wurde. Ihr Leid werde nicht berücksichtigt. Als gäbe es da eine Hierarchie.«

»Wenn du mich fragst, setzt die Hierarchie schon bei den ganzen Massakern ein, die im Zuge der ethnischen Säuberung begangen wurden. Man redet ständig von Srebrenica, aber nur selten über das, was hier passiert ist, in den Lagern dieser Region. Und das ist doch nicht normal.«

Schweigend gehen wir weiter, bis Darija hinzufügt: »Es ist schwierig, so allgemein darüber zu reden. Du solltest mich mal bei der Arbeit begleiten, dann wäre es leichter. Du könntest dir selbst ein Bild machen.«

2015

8

DIE LEBENDEN
REPARIEREN

Kamera und Stativ lasten schwer auf meinen Schultern, als ich mich zu Fuß zur Leichenhalle von Šejkovača begebe. Ich bin früh aufgebrochen, um gleich um neun da zu sein, wenn Senem eintrifft. Es ist schon heiß, diese Augusthitze, die locker 40 °C erreicht. Eine so schwere Ausrüstung bin ich nicht gewohnt, sie ist sperrig und bringt mich ins Schwitzen. Die Kameratasche schlenkert mir bei jedem Schritt gegen den Oberschenkel, während die Stativtasche sich in meinen Rücken bohrt.

Seit einem halben Jahr lerne ich, wie man filmt. Ich möchte nämlich einen Film mit Senem und Darija machen. So habe ich einen Grund gefunden, wieder hierherzukommen. Doch jetzt, in der prallen Morgensonne, sehne ich mich nach meinem Stift und meinem Notizbuch, die so viel leichter zu transportieren sind.

Als ich gestern in Sanski Most ankam, war es noch heißer, so heiß, dass ich mich nach einer Bademöglichkeit in der Nähe umgesehen habe, irgendwo am Ufer der Sana, die ab Prijedor parallel zur Straße verläuft und danach durch die Stadt hindurchfließt. Vom Busfenster aus hatte ich voller Neid auf die Familien geblickt, die am Wasser picknickten, und auf die planschenden Kinder unweit von Čarakovo, wo Fluss und Straße sich fast berühren. Es war ein Sonntag im Hochsommer, es roch nach Ferien und dolce far niente, nach Grillspießen am Lagerfeuer und eiskaltem Bier. Hinter den Apfelbäumen seines Gartens erspähte ich das Haus von Sudbin und fragte mich, ob es ihm gut geht.

In Sanski Most setzte mich dann ein Taxifahrer am Motel Oaza ab, serbokroatisch für Oase, laut Google Maps das Hotel, das der Leichenhalle am nächsten ist, an der Grenze zwischen Gewerbegebiet und einem Viertel voller Einfamilienhäuser. Auf meiner Suche nach einem Zugang zum Fluss bemerkte ich ganz in der Nähe, gleich hinter der Leichenhalle, einen Wasserpark. Der Mann am Eingangsschalter winkte mich einfach durch, weil das Bad in einer Stunde schließen würde, und ich fügte mich in die Menge der Feriengäste ein, die sich am Beckenrand aalten oder in Liegestühlen auf der Wiese und unter den Strohdächern. Die Kinder schwangen sich munter auf die Wasserrutschen und die Jugendlichen drängten sich mit viel Gebrüll und Gespritze ins Becken.

Kaum war ich mit dem Kopf unter Wasser, verflüchtigten sich die Hitze und meine Reiseerschöpfung. Die spätnachmittägliche Sonne erschien mir sanfter. Mir wurde bewusst, dass ich in dieser Stadt bisher immer nur die Leichenhalle besichtigt hatte, mitten im Gewerbegebiet und einen Steinwurf entfernt von dieser Freizeitstätte, wo das Jauchzen und Lachen von Kindern ertönten. Auf dem Rückweg ging ich an der Halle vorbei, die Türen waren alle geschlossen, ein paar Oberlichter waren geöffnet.

Heute Morgen komme ich auf dem Weg nach Šejkovača plötzlich zu einer Erkenntnis, als ich über dieses fröhliche Ferienparadies gleich neben der riesigen Halle voller Gebeine sinniere: Die Toten und die Lebenden gehören nicht zwei getrennten Welten an, sie sind alle Teil der menschlichen Gemeinschaft.

Mit jedem geborgenen Knochen, jedem gesammelten Bluts-tropfen stellen Senem und Darija in geduldiger Kleinarbeit das Band wieder her, das immer dann reißt, wenn die Toten ihrer Würde beraubt werden und den Lebenden der Abschied ver-wehrt bleibt, ohne den sie kaum weitermachen können. Solan-ge sich Leute finden, die diese Arbeit auf sich nehmen, die das reparieren, was vernichtet und mit Füßen getreten wurde, bleibt etwas von unserer Menschlichkeit erhalten, unser aller Menschlichkeit.

Als ich die Halle erreiche, ist Senem schon da, sie sitzt im Bü-rocontainer vor ihrem Laptop und unterhält sich gerade mit Ajša. Drei weiße Welpen spielen vor dem Eingang, wälzen sich im Gras. Sie sehen aus wie Plüschtiere. Eine streunende Hün-din hat sich in der verwaisten Hütte niedergelassen und dort ihre Kleinen geworfen.

Ich baue meine Kamera im Büro auf und mache mich nun auch an die Arbeit. Beim Einstellen muss ich anders hinsehen als sonst und mich selbst am Rand halten, eine Position, die mich an meinen letzten Tag vor einem Jahr erinnert, als ich in der Ecke stand und stundenlang verfolgte, wie die Einsargun-gen vorgenommen wurden, ohne viel zu reden, meistens still beobachtend – genau wie vor zwei Jahren am Massengrab: so lange zusehen und versuchen zu verstehen, bis die Geschich-te sich allmählich aus den wiederholten Gesten herausschält.

Senem wirkt bekümmert, als sie sich durch die Dateien auf ihrem Laptop klickt, an den mehrere externe Festplatten ange-schlossen sind. Darin sind Datenbanken enthalten, Informa-tionen über laufende und bereits abgeschlossene Identifizie-rungen, Grabungs- und Autopsieberichte. Sie zündet sich eine Zigarette an, scrollt mit der freien Hand weiter durch die Sei-ten, der Aschenbecher steht am Tischrand, neben ihrer Sonnenbrille und ihrem Smartphone, auf dem heute wegen eines endlosen Updates keine Anrufe eingehen. Senem ist genervt.

»Könntest du mir bitte den Jakarina-Kosa-Ordner bringen, Ajša? Hier werde ich einfach nicht fündig ...«

Hinter Senem steht ein Metallregal voller blauer und grüner Ordner, jeweils mit einem Ortsnamen und einer Jahreszahl versehen. Darin sind die Unterlagen der diversen Ausgrabungen archiviert: Stara Rijeka 1996, Lanište 1996, Hrastova Glavica 1998, Jama Lisac 2000, Jakarina Kosa 2003, Stari Kevljani 2004 ... Bei diesem letzten Ausgrabungsort nehmen die Ordner ein ganzes Regalbrett ein, aufgrund der vielen Opfer, die dort entdeckt wurden.

Seit ein paar Tagen werden in Jakarina Kosa weitere Grabungen vorbereitet. Im Büro der Staatsanwaltschaft vermutet man, dass es dort noch mehr menschliche Überreste geben könnte, im Sekundärgrab, in dem die Leichen aus Tomašica versteckt wurden. Die Grabungsstätte ist wegen ihrer Hanglage schwer zugänglich. Senem würde gern einen Archäologen dorthin entsenden, um das Terrain zu sondieren, aber das muss vom Staatsanwalt genehmigt werden, und der ist jetzt, mitten im August, im Urlaub. Auch das scheint Senem zu nerven.

Ajša legt den großen blauen Ordner auf den Tisch und beugt sich darüber, während Senem darin blättert und ihm einen Packen handbeschriebener Seiten entnimmt – den Grabungsbericht von 2003, verfasst vom damals zuständigen Juristen. Mittendrin steckt eine rasch hingekritzelte Zeichnung: Felswand, Tannen, liegende Strichmännchen – eine Skizze des Leichenfundorts.

»Verstehst du das, Ajša? Das hier, ich kann es nicht entziffern ...«

»*First bodies ... in the ... middle of slope* – stimmt doch?

»Und hier, *five heads*, liest du das auch so?«

»Ja, genau.«

»*It is questionable whether these bo...* Steht da jetzt *bodies* oder *bones?*«

Gemeinsam versuchen sie, das hektische Gekrakel des Juristen zu dechiffrieren, was nicht einfach ist. Senem schnauft. Für die Vorbereitung einer solchen Grabung kann das geringste Detail von Nutzen sein, aber noch weiß sie nicht, wonach sie eigentlich sucht. Wieder zündet sie sich eine Zigarette an.

»Dass du mir ja nichts durcheinanderbringst!«, ruft sie mit einem schiefen Lächeln, als ich mich zur Lagerhalle aufmache und meine Ausrüstung unbeholfen mitschleppe. »Ich werd's versuchen!«, antworte ich und bleibe mit meinem aufgeklappten Stativ beinahe in der Tür stecken.

Als ich die Halle betrete, werde ich von meinen Gefühlen überwältigt. Mit der Kamera in einer Hand und dem Stativ in der anderen erstarre ich einen Moment, bis sich alles gelegt hat. Ich lasse den Blick über die Wände schweifen, über die Rollwagenreihen, die Fotos der Vermissten, und denke, dass ich genau das festhalten wollte: die Schönheit all dessen, was sich hier vollzieht, was hier repariert wird. Ich filme die grafischen Linien dieser Halle, die gewaltige Deckenhöhe, den Lichteinfall durch die Fenster, die Spuren von Salz und Rost auf den leeren Tabletts, die sich in einer Ecke an der Wand stapeln. Ich zoome auf die Spuren, es sieht aus wie auf einer Landkarte, das Salz als Packeis aus der Vogelperspektive, umgeben vom grauen Meer des Tabletts. Ich denke an den letzten Sommer zurück, als dieser Vorraum mit Stapeln von grünen Särgen vollgestellt war. Heute wirkt er fast leer, die meisten Rollwagen, die an den Wänden stehen, sind es tatsächlich. Die Tür zum Vordach, unter dem Zlatan gewöhnlich arbeitet, ist geschlossen, der Kärcher steht neben einer Palette, auf der noch ein Dutzend Salzsäcke liegen. Es ist so still, wie ich es hier noch nie erlebt habe. Selbst die Vögel sind verstummt, vielleicht wegen der Hitze.

Am Abend treffe ich Senem in einem Restaurant am Ufer der Sana wieder. Wir setzen uns auf die Terrasse mit Flussblick. Kinder planschen im Wasser. Senem wirkt erschöpft, sagt, sie fühle sich so schwer, sie habe seit letztem Jahr zugenommen.

»Ich werde schneller müde. Ich versuche, Diät zu halten. Wenn ich mich aber leer fühle, stopfe ich mich mit Essen voll.«

Inzwischen lebt sie in Sarajevo, hat dort eine Wohnung gekauft. Ihr gefällt das neue Zuhause, auch wenn sie immer noch so viel unterwegs ist, zwischen Šejkovača und den Leichenhallen, die sie im Rahmen des Projekts N. N. besichtigt.

Im Winter hatte ihre Mutter gesundheitliche Beschwerden und arbeitet jetzt nur noch in Teilzeit. Ihr Vater ist im Ruhestand. Senem macht sich Sorgen.

»Mir ist klar, dass ich gerade den Elternpart für meine Eltern übernehme. Mein Vater hat eine lächerlich geringe Rente, und das Gehalt meiner Mutter ist fast um die Hälfte geschrumpft. Da muss ich sie eben beide absichern.«

Keine Rede mehr von ihrem Wunsch, Heilpflanzen zu ziehen. Als ich sie darauf anspreche, runzelt sie die Stirn, dafür sei jetzt nicht die richtige Zeit, man brauche Geld, müsse investieren, nein, jetzt auf keinen Fall, da ihre Eltern alt werden und auf sie angewiesen sind.

»Ich denke eher daran, für ein paar Jahre ins Ausland zu gehen, mir dort eine Arbeit zu suchen, die besser bezahlt wird als hier, um etwas Geld auf die Seite zu legen. Ich hätte gern einen Tapetenwechsel, und es wäre auch gut für meine Karriere. In den nächsten zwei, drei Jahren wird sich in Bosnien ohnehin nichts tun. Seit ich 2009 die Leitung dieser Leichenhalle übernommen habe, kommt es mir so vor, als habe sich die Lage für die Vermissten verschlechtert, anstatt besser zu werden. Selbst wenn ich ein paar Jahre weg bin, werde ich nach meiner Rückkehr garantiert wieder Arbeit finden.«

Ich spüre, wie ausgelaugt sie ist, so habe ich sie bisher nicht erlebt. Auf mich wirkte sie immer wie ein Mensch, der seine Wut als Treibstoff nutzt, um voranzukommen und sich nicht unterkriegen zu lassen. Aber jetzt scheint ihr alles über den Kopf zu wachsen, während sie keine Lust mehr hat zu kämpfen. Sie redet viel über die Absurditäten, mit denen sie im Rahmen des Projekts N. N. zurechtkommen muss. Ursprünglich war es auf achtzehn Monate angesetzt, und jetzt, zwei Jahre später, ist immer noch kein Ende in Sicht.

»Manchmal entdecke ich aufgerissene Leichensäcke, Knochen, die durcheinandergeraten sind, DNA-Analysen, deren Ergebnisse nichts mehr bringen, weil wir sie keinem Leichnam zuordnen können. Es fehlt der Wille, ein funktionstüchtiges System zu schaffen, mit den erforderlichen Mitteln.«

Sie zündet sich eine Zigarette an. Ich kann ihren Überdruss nachvollziehen. Vielen ist durchaus daran gelegen, dass man nicht gleich alle Vermissten auffindet, dass dieser Prozess sich noch zehn oder fünfzehn oder dreißig Jahre hinzieht. Daran hängen schließlich Aufträge, Karrieren, Gehälter und auch Ruhm und Ehre, wenn ein neues Massengrab die Medien anlockt – was überdies auch politisches Gewicht hat. Wutentbrannt kommt Senem wieder auf Tomašica zu sprechen, auf die Pressescheinwerfer, vor denen so mancher stolziert, ohne sich um die Hinterbliebenen zu scheren, die nicht nur angemessen trauern wollen, sondern auch behördliche Formalitäten erledigen müssen. Wenn nach einer erfolgreichen Identifizierung der Totenschein ausgestellt wird, können die Betroffenen sich offiziell auf den Status als Witwe oder Waise berufen und die entsprechenden Sozialleistungen in Anspruch nehmen.

»Aber du verdienst doch auch dein Geld dank der Vermissten«, wende ich ein.

»Klar, ihnen verdanke ich mein Gehalt, meine Karriere. Und dann kann ich mir doch nicht alles Mögliche herausnehmen und mich gegenüber den Toten und ihren Angehörigen so respektlos verhalten. Mir geht es einzig und allein darum, die namenlosen Leichname zu identifizieren, wenn wir uns dieser Fälle wieder annehmen. In Mostar ist es uns bei dreißig von hundert Fällen gelungen. Das ist enorm.«

»Aber wenn ich dich richtig verstehe, sind die Vermisstenzahlen, die man uns präsentiert, alles andere als realistisch?«

»Die Zahl der Vermissten, die von ihren Angehörigen gemeldet wurden, ist belastbar. Alles andere ... ist sehr viel komplizierter. Und genau deswegen müsste man jetzt Geld in die Hand nehmen, um möglichst viele dieser Fälle zu lösen, die seit Jahren warten. Wenn wir weiterhin nach Massengräbern suchen, bringt das nicht mehr viel. Bestimmt werden noch ein paar gefunden, aber sie werden nicht alle fehlenden Toten enthalten. Manche wurden längst unter dem Namen eines anderen Vermissten bestattet, weil in den ersten Nachkriegsjahren Fehler passiert sind. Und was die verbleibenden Toten in den Leichenhallen angeht, dürfen wir keine Zeit mehr verlieren. Die Hinterbliebenen sterben nach und nach, und wer noch lebt, gehört meist zur fernen Verwandtschaft und fühlt sich nicht so unmittelbar betroffen. Ein schwedischer Teenager ist möglicherweise weniger darauf erpicht, die Gebeine seines Großonkels wiederzufinden, er weiß ja, dass der während des Kriegs verschwunden ist, und das genügt ihm. Ihm geht es sicher nicht darum, den Großonkel zu bestatten, er interessiert sich vor allem dafür, wo er die nächsten Ferien verbringen wird!

Also sollte man entweder möglichst viele Blutproben abnehmen, solange das noch geht, oder man setzt alles daran, sämtliche Überreste in den Leichenhallen zu untersuchen. Hauptsache, man unternimmt etwas, damit diese Geschichte endlich abgeschlossen wird!«

Ich denke daran zurück, wie sie sich wegen der Konservierung den Kopf zerbrochen und mir dann ihren Einfall mit dem Salz erläutert hat. Ich denke an ihre Hartnäckigkeit, die mir Bewunderung abtrotzte. Bei aller Überlastung war sie darauf stolz gewesen, es irgendwie zu schaffen. Und jetzt habe ich das Gefühl, dass ihre Arbeit sie in eine Sackgasse führt.

»Du hast mir nie so richtig erzählt, wie es war, als ihr die Toten von Tomašica untersucht habt.«

»Es war schlimm, für uns alle, auch wenn wir uns das nicht eingestehen wollten. Weil die Leichname noch so gut erhalten waren ... Normalerweise hantieren wir ja mit Gebeinen. Und da mussten wir mit Körpern umgehen, mit menschlichen Wesen, Hunderte davon. Um acht Uhr früh fingen wir an, machten abends um sieben oder acht Schluss. Das Mittagessen haben wir ausgelassen, wir brachten keinen Bissen hinunter, es war einfach zu ... eklig.«

Eines Nachts hatte Senem geträumt, dass sie bei der Arbeit war und zu ihrem Team sagte: »Jammerschade, so viel Fleisch wegzuwerfen!« Als sie ihren Traum am Tag darauf den Kollegen erzählte, lachten sie alle, und er blieb über Tage ein Running Gag.

»Keine Ahnung, wie wir das durchgehalten haben, all die vielen Monate lang. Die Zahl der Opfer war so hoch wie bei einem Flugzeugunglück, wobei es dafür ein Team von rund fünfzig Leuten gibt, für die Angehörigen, für die psychologische Betreuung, für die DNA-Analysen, außerdem die Pathologen, ein Pressedienst ... Mir standen für die ganze Arbeit nur acht

Leute zur Verfügung, und dann hatte ich noch den Staatsanwalt von Bosnien und Herzegowina am anderen Ende der Leitung, wegen des Prozesses gegen Mladić vor dem UN-Kriegsverbrechertribunal.«

Die Opfer von Tomašica haben diesem Prozess, der sich über Jahre hinzog, ein weiteres Kapitel hinzugefügt. Jeder Leichnam wurde als Beweis herangezogen.

»Einmal bin ich, wie jeden Morgen, vor allen anderen eingetroffen, um den Arbeitstag vorzubereiten. Ich wollte die Leichenhalle öffnen, um sie zu lüften, und hielt meine Tasse Kaffee in der Hand, und dann blieb ich vor der Tür stehen und dachte: Mein Gott, ich leite eine Totenfabrik. Weil es wirklich fabrikmäßig war. Wir mussten arbeiten wie am Fließband und durften keinen Fehler machen.«

Nach den letzten Identifizierungen wurde Senem zwei Monate lang von Albträumen heimgesucht: Es stellte sich heraus, dass ihnen Fehler unterlaufen waren und ihre ganze Arbeit infrage stand.

Dabei gab es bis heute keinen einzigen Fehler.

»Ich bin stolz auf mich und mein Team, auf alles, was wir gemeinsam erreicht haben. Vor Tomašica fühlte ich mich manchmal unsicher, zweifelte an meiner Eignung. Seither nie wieder.«

»Ja, ich glaube auch, dass du auf dich stolz sein kannst«, sage ich und lächle sie an.

Ringsum ist es dunkel geworden, der Fluss wurde von der Nacht verschluckt, die Kinder sind schon seit geraumer Zeit nach Hause gegangen. Man hört nur noch das Wasser. Es ist spät.

»Für mich hat der Krieg ja am 9. April begonnen. Ich weiß es deshalb noch so genau, weil der Tag danach mein Geburtstag war. Meine Eltern und die Nachbarn hatten sich bei uns im Wohnzimmer versammelt, um über das zu reden, was gerade passierte. Uns Kinder hatte man in die Küche geschickt, während die Erwachsenen sich berieten. Sie beschlossen alle gemeinsam, die Frauen und Kinder in Sicherheit zu bringen. Und so sind wir nach Kroatien gefahren, mit einem Bus, und haben nach unserer Ankunft in einer Turnhalle übernachtet. Es war mein Geburtstag, um mich herum waren alle meine Freunde aus dem Viertel. Ich wusste gar nicht, wer welcher Gemeinschaft angehörte, ich hätte dazu nichts sagen können. Erst danach habe ich begriffen, dass darunter Kroaten waren, Serben, Muslime, Rumänen, Juden ... Weißt du, was ich meine?«

In Senems Stimme klingt die Bestürzung an, die man von anderen Augenzeugenberichten über Kriegsanfänge kennt, diese Fassungslosigkeit angesichts einer Welt, in der plötzlich ganz andere Regeln gelten.

Am nächsten Morgen erreiche ich die Leichenhalle zeitgleich mit Samir, dem Polizisten, der hier Wache hält. Er schließt die Türen des Bürocontainers und der Halle auf, kocht in der kleinen Küche für uns beide Kaffee, macht das Radio an und raucht ein Zigarettchen, nachdem er es sich auf einem Bürostuhl bequem gemacht hat. In Ermangelung einer gemeinsamen Sprache lächeln wir uns gegenseitig an, nachdem ich meine paar Brocken Serbokroatisch aufgebraucht habe – im Wesentlichen »Guten Tag« und »Danke«. Das Wort für »Kuh«, das ich von Mehmed gelernt habe, nützt mir in dieser Situation nicht viel. Ich höre gemeinsam mit Samir die Nachrichten, kann mir hier und da etwas zusammenreimen, Flüchtlingskrise auf den griechischen Inseln, der Krieg in Syrien. Als ich rausgehe, um im Freien zu filmen, sehe ich einen der Welpen, er ist tot, seine

Mutter liegt bei ihm und leckt ihm den Kopf. Wahrscheinlich wurde er überfahren.

Vor der Halle hält gerade ein Auto, Senem steigt aus, begleitet von Vladimir, einem Praktikanten, der an einer serbischen Universität Archäologie studiert. Sie hat einen riesigen Beutel mit Trockenfutter für die Hunde dabei und sieht müde aus. »Ich habe letzte Nacht nicht gut geschlafen, bin wohl zu spät ins Bett gegangen.« Erst mal einen Kaffee und eine Zigarette. »Ist noch Milch da, Samir?« Nein, die Packung wurde gestern aufgebraucht. »Oh nein«, murmelt Senem, »hoffentlich bringt Ajša welche mit.« Sie klappt ihren Laptop auf, schließt die externen Festplatten an, die Tasse schwarzer Nescafé steht dampfend neben dem Aschenbecher, wo ihre dünne Zigarette herunterbrennt, während sie ihre Passwörter eingibt und sich die Augen reibt.

»Samir, könntest du dich bitte um den toten Welpen kümmern?« Dann sagt sie zu mir: »Ich ertrage diesen Anblick nicht, zumal mit der Mutter an seiner Seite ...« Ihr Gesichtsausdruck schwankt zwischen Ermattung und Belustigung über die scheinbar absurde Situation. »Verrückt, oder, Taina, die ganze Zeit habe ich mit Leichen zu tun und kann mich nicht mal um einen toten Welpen kümmern!« Sie schüttelt den Kopf. Samir nimmt eine Mülltüte mit raus, um den Hund darin einzuwickeln, Ajša kommt und hat Milch dabei, der Tag ist gerettet.

Mittags essen wir alle zusammen in einem Billiglokal um die Ecke. Senem nimmt als Vorspeise einen Kaffee, und alle lachen über ihre kuriose Angewohnheit. Sie erzählt von den Diäten, die sie ausprobiert, beispielsweise die Dukan-Methode, die in der Anfangsphase ausschließlich Fleischproteine vorsieht. »Das ist ja die ideale Balkandiät«, scherze ich.

»Ach ja, was ich dich noch fragen wollte, Vlad: Hast du den

Schädel gefunden?«, sagt Senem, als ihr plötzlich einfällt, was sie ihm heute Morgen aufgetragen hat.

»Ja, aber dafür musste ich lange in den Säcken wühlen. Das roch nicht so angenehm.«

»Nicht so angenehm?« Senem lacht schallend. »Das war noch gar nichts, Vlad. Im Vergleich zu den Toten aus Tomašica ist das, was du da gerochen hast, das reinste Parfüm!«

Später filme ich Senem in der Halle, während sie sich eines Leichnams annimmt. Zunächst trägt sie ihn mit Vladimir aus dem Hauptbereich in den Untersuchungsraum und legt ihn auf einen Tisch. Dann stellt sie ihr Arbeitsmaterial bereit: einen roten Kugelschreiber, einen gelben Textmarker, den Anthropometer, das Formular mit dem Skelettvordruck – darin wird sie jeden fehlenden Knochen rot einfärben und jeden Bruch oder Riss vermerken, genau wie die Maße des Oberschenkelknochens. Ich verfolge ihre Gesten durch den Kamerasucher, ihre Hände, die in einem Haufen von Knochensplittern wühlen, um genau den Teil zu finden, der dem zertrümmerten Schädel fehlt, und ihn dann wieder anzubringen, oder die Fingerknochen einer Hand sortieren.

»Stört es dich, wenn ich das Radio anmache? Ich arbeite gern mit Musik im Hintergrund.«

Nein, es stört mich keineswegs. Sie dreht am Knopf, und es ertönt ein aktueller Hit: »*Love me like you do, lo-lo-love me like you, touch me like you, tou-tou-touch me like you do ...*« Ich sehe, wie sie jeden Wirbelknochen einzeln in die Hand nimmt und dann in der richtigen Reihenfolge wieder auf den Tisch legt, und erkenne die Geste wieder, die sie mir gezeigt hat, als ich die Halle zum ersten Mal betrat. Und ich erinnere mich an ihre Worte: »Schau mal. Die Knochen sprechen für sich.«

9

FADILAS
ENKELINNEN

Fadila erwartet uns auf der Türschwelle, mit einer Hand stützt sie sich am Rahmen ab und strahlt über das ganze runzlige Gesicht. »Kommt rein! Wir setzen uns ins Wohnzimmer.« Hinkend geht sie voran und fasst sich dabei an die schmerzende Hüfte. »Kommt einfach mit!«

Darija zwinkert mir zu. Vorhin, im Auto, hat sie mich vorgewarnt: »Ich habe den Eindruck, dass sie unbedingt reden will. Das ist oft so. Die Leute warten schon so lange darauf, dass ihnen jemand zuhört.«

»Sie hatten mich doch angerufen?«, fragt Fadila, um ganz sicherzugehen.

»Ja, das war ich.«

»Und ich dachte: Mein Gott, was ist diese Frau mitteilsam!«

»Wissen Sie, in meinem Beruf begegne ich vielen Leuten, da sollte ich es besser sein.« Darija lächelt. Sie geht zum Sofa, legt die rote Plastikmappe auf den niedrigen Tisch, gleich neben dem Tablett mit Keksen und zwei Gläsern Fruchtsaft, das Fadila für uns bereitgestellt hat. In der Ecke steht auf einer Kommode ein Ventilator und verwirbelt die Luft.

»Setzt euch ruhig hin!«

Zwei dünne Teenagerinnen tauchen aus einem der anderen Zimmer auf, um uns zu begrüßen, blonder Pferdeschwanz, scheues Lächeln.

»Sind das Ihre Enkelinnen?«

138

»Ja, sie sind dreizehn und vierzehn Jahre alt. Sie sind nur siebzehn Monate auseinander.«

»Sie ähneln Ihnen sehr!«

»Ja, das sagen alle: ganz die Oma! Magst du uns Kaffee kochen, Medina? Wir müssen den Damen doch Kaffee anbieten.«

Das junge Mädchen verschwindet in der Küche, die Schwester bleibt bei uns, ohne sich zu rühren, in dieser typischen Haltung, wenn der Körper so schnell wächst, dass es einen völlig überfordert. Darija lächelt ihr zu, vielleicht fühlt sie sich genau wie ich an die eigene Jugend erinnert. Ich packe die Kamera aus, das Stativ, das Mikro, während das Mädchen, das sich neben den Ventilator gestellt hat, mich verstohlen beobachtet, mit einer Mischung aus Neugier und Zurückhaltung.

Gestern Morgen habe ich mich von Senem verabschiedet, um mit Darija zu drehen. Ich sollte sie zum ersten Mal bei der Arbeit begleiten. »Ich bin etwas gestresst«, sagte sie vorab. »Ich habe Angst, dass mir die Hände zittern.« Ich habe versucht, sie zu beruhigen: Mach einfach alles so wie immer, es wird bestimmt sehr gut. Tatsächlich zitterten auch mir die Hände. Ich wusste nicht, was mich erwartete, und die Kamera beherrschte ich immer noch nicht ganz. Manche Aufnahmen vom Vortag waren überbelichtet und verwackelt. Wir fuhren in ein kleines Dorf unweit von Sanski Most, um eine alte Dame zu treffen, deren Vater während des Kriegs verschwunden war. Er hatte in dem Haus gewohnt, in dem seine Tochter, inzwischen Rentnerin, uns empfing. Viel konnte sie uns nicht berichten. »Ich war ja in Deutschland, als es passierte.« Wir saßen draußen unter dem grünen Gewölbe der weinumrankten Pergola. Darija legte mit ihrem Erfassungsbogen los – »Name des Vaters?«; »Name der Mutter?« –, und ich dachte darüber nach, welche Erinnerungen diese so simplen Fragen bei einer siebzigjährigen Dame auslösen könnten: sie als kleines Mädchen mit ihren Eltern, die sie damals noch Papa und Mama nannte, sie als junge Braut und das gemeinsame Familienglück, sie und ihre Kinder bei deren Großvater, die Sommerferien, die sie in diesem Haus verbrachten, die Bindung der in Deutschland geborenen Enkel an ihren Opa in Bosnien – und dann nichts mehr, nur ein lakonischer Satz zum Verschwinden ihres Vaters: »Zuletzt wurde er auf diesem Pfad gesichtet, der in den Wald führt, mehr weiß man nicht.«

Gegen Ende unseres Besuchs kam eine Nachbarin mit einem Teller ofenwarmen Börek vorbei. Darija lehnte höflich ab (»sonst nehme ich jede Woche zwei Kilo zu«, erklärte sie mir später im Auto), aber die Nachbarin bot sie so beharrlich an, dass ich an ihrer Stelle zugriff. Ich biss in die Blätterteigtasche mit der würzigen Fleischfüllung und lächelte, um zu signalisieren, wie köstlich sie war, die beiden Frauen sahen mir zufrieden beim Kauen zu, während Darija sich eine Zigarette drehte. Als wir gingen, wurden uns zwei Tafeln Schokolade zugesteckt, »für unterwegs«.

»Es ist oft so«, sagte mir Darija nach unserem Besuch. »Die Leute wissen praktisch nichts über das, was passiert ist. Manchmal können sie gerade noch erzählen, wo die vermisste Person zum letzten Mal gesehen wurde, und das war's dann.«

»Als hätte sie sich in Luft aufgelöst«, sagte ich.

»Ja, ganz genau.«

»Na schön, Fadila, Sie wissen ja, warum ich hier bin, nicht wahr?«

Auf einmal klingt Darijas Stimme nicht mehr so unbeschwert, jetzt ist Schluss mit dem lockeren Einstimmungsgeplauder, es geht an die Arbeit. Sie lehnt sich vor, fängt den Blick von Fadila auf, die ihr auf einem Stuhl gegenübersitzt.

»Ihr Vater ist während des Kriegs verschwunden, genau wie Ihre beiden Brüder. Man hat Ihren Vater wiedergefunden, inzwischen konnte er bestattet werden, aber Ihre Brüder Hazim und Sadik gelten immer noch als vermisst. Jedes Jahr werden neue Massengräber entdeckt und geöffnet. Dann müssen wir in unserer Datenbank dringend auf eine möglichst hohe Zahl von Blutproben zurückgreifen können, um die aufgefundenen Personen zu identifizieren.«

»Danke, dass Sie sich diese Arbeit machen, dass Sie sich um all das kümmern.«

»Jemand muss es ja machen. Wir haben vor fünfzehn Jahren damit angefangen und werden jetzt nicht mittendrin aufhören. Das verbietet der Anstand, solange nicht alle Vermissten gefunden wurden. Deshalb werde ich nun mit Ihnen gemeinsam den Erfassungsbogen ante mortem für Ihre beiden Brüder ausfüllen, Fadila. Ich stelle Ihnen eine Reihe von Fragen zu ihren äußeren Merkmalen und zu den Umständen ihres Verschwindens, und Sie antworten, so gut Sie können.«

Darija klingt jetzt ernst, sie gibt ganz klare Erläuterungen und Anweisungen, damit es vorangeht.

»Es ist schon so lange her, dass ich sie verlassen habe«, flüstert Fadila, und ihr Blick wird leer, das Lächeln ist wie weggewischt. »Ich habe nach Sanski Most geheiratet und bin dann hierhergekommen, nach Gradiška.«

»Wann genau?«

»Lassen Sie mich mal überlegen ...«

»Noch vor dem Krieg?«

»Ja, davor. Damals hatte ich zwei Kinder und habe dann hier zwei weitere bekommen. Zwei Buben und zwei Mädchen.«

»Insgesamt also vier Kinder?«

»Genau. Meine eine Tochter, die schon verheiratet war, ist mit 25 gestorben. Schicksal, was soll man da machen. Ein

Sohn wohnt hier in der Nähe, und der andere in Österreich. Und meine zweite Tochter lebt in Australien. Das Haus am Ende der Straße gehört ihr und ihrem Mann.«

»Verbringen sie die Sommer hier?«

»Ja, manchmal. Im Juli waren sie da und sind jetzt abgereist. Für sie ist es sehr teuer, hierherzukommen, die Flugtickets ...«

»Zuerst fülle ich den Bogen für Hazim aus und danach den für Sadik. Hazim ist 1961 geboren, richtig, Fadila?«

»Ja. Das weiß ich noch genau, weil ich kurz danach meinen ersten Sohn zur Welt gebracht habe.«

»Wie alt sind Sie, Fadila?«

»Ich? Jetzt bin ich über siebzig.«

»War Hazim verheiratet?«

»Ja, er hatte zwei Söhne, die sind jetzt groß. Hazim wohnte in Čarakovo und arbeitete als Hausmeister in Prijedor. Gott, was war der fleißig, unser Hazim.«

»Ist er derjenige, der am selben Tag wie Ihr Vater verschwunden ist, oder war es Ihr anderer Bruder, Sadik?«

»Es war Sadik. Hazim wurde von seinen ehemaligen Klassenkameraden verschleppt und kam nicht mehr zurück. Ihm blieb gerade genug Zeit, um seiner Frau zu sagen: ›Pass auf die Kinder auf.‹«

»Haben Sie vielleicht gehört, wohin er verschleppt wurde? Was mit ihm passiert ist?«

»Es heißt, sie hätten die Brücke in Prijedor erreicht, es seien noch viele andere Leute aus Čarakovo dabei gewesen, und dann habe man sie ...«

Fadilas zitternde Stimme bricht, aber Darija lässt keine Stille aufkommen, sie macht weiter, es muss sein, sie muss den Schmerz eindämmen, den ihre Fragen wachrufen.

»An der Brücke?«

»Ja.«

»Meinen Sie die Brücke neben dem Hotel Prijedor?«

»Nein, die andere, ein Stück weiter weg, an der Straße nach Sanski Most. Dort hat man sie wohl gezwungen, von der Brücke zu springen. So habe ich es jedenfalls gehört. Mehr weiß ich nicht, mein Kind, ich war nicht dabei.«

»Ja, ich weiß, Sie waren hier, Fadila.«

Darijas Stimme ist ruhig, tröstlich. »Ich wollte nur wissen, was über Hazims Verschwinden bekannt ist«, erklärt sie.

»Mehr weiß ich leider nicht – was danach mit ihnen passiert ist, wohin die Leichen gebracht wurden, das weiß nur Gott allein ... Ich hoffe, dass wir es eines Tages herausfinden.«

»Das ist genau das, was wir mit unserer Arbeit erreichen wollen. Wir wollen die Vermissten finden, ihnen wieder einen Namen geben, damit sie bestattet werden und in Frieden ruhen können.«

»Bei meinem Vater ist es ja gelungen. Er ist zum Laden gegangen, dem Laden gleich rechts, wenn man nach Čarakovo kommt. Jemand schoss ihm in den Rücken, und er ist in die Sana gefallen, danach hat man nur einen Teil seines Schädels und eine Hand wiedergefunden ... Was ... Was sagt man dazu? Wir haben seine Überreste im Friedhof von Čarakovo bestattet. Mein Neffe liegt auch dort, sie ruhen Seite an Seite.«

Fadilas Enkelin hat sich still und unauffällig ans Sofaende gesetzt, in die Bildachse. Sie wirft der Kamera einen flüchtigen Blick zu, den ich im Objektiv auffange, und richtet dann ihre ganze Aufmerksamkeit auf die Geschichte, die ihre Großmutter gerade Darija erzählt. Sie hört still zu, ihre Augen wandern zwischen beiden Frauen hin und her, lauern auf Details und Anekdoten, die ihr bisher nicht verraten wurden, aus diesem Krieg, den sie nicht miterlebt hat. Es geht um ihren Urgroßvater, ihre beiden Großonkel, aus der Perspektive einer Dreizehnjährigen ist das prähistorisch, doch plötzlich erwacht die Vergangenheit auf dem Gesicht ihrer Großmutter wieder zum Leben.

»So Gott will, werden wir Ihre beiden Brüder finden, damit auch sie in Frieden ruhen«, nimmt Darija den Faden auf. »Sagen Sie, Fadila, wie groß war Hazim?«

»Ziemlich groß ...«

»1,80 Meter? Oder größer?«

»Das dürfte hinkommen ...«

»Und die Haarfarbe?«

»Braun, und er hatte krauses Haar. So ein schöner Mann, und fleißig obendrein! Er war sehr geschickt mit den Händen, und intelligent.«

»Braunes, krauses Haar also. Kurz geschnitten?«

»Ja, kurz. Manchmal kam er mich besuchen, aber nicht oft, wegen der Arbeit.«

»Er war sicher sehr eingespannt. Wissen Sie noch, ob er Rechts- oder Linkshänder war?«

»Rechtshänder, meine ich.«

»Trug er eine Brille?«

»Nein, keine Brille.«

»Rauchte er?«

»Nein, im Gegensatz zu Sadik.«

»Wissen Sie, was er anhatte, als man ihn verschleppt hat?«

»Woher denn, mein Kind, ich war doch nicht dabei! Vielleicht weiß es seine Frau, aber sie lebt jetzt in Deutschland, sie hat wieder geheiratet.«

»Hätten Sie vielleicht ein Foto von Hazim oder Sadik?«

»Früher hatte ich welche, aber jetzt ist alles weg.«

»Haben Sie die Fotos während des Kriegs ... verloren?«

»Ja. Ich musste fliehen.«

In diesem Satz von Fadila steckt alles, was sie nicht erzählt, alles, was man hinter sich lässt, alles, was nie wieder zu finden sein wird. Das Für-immer-Verlorene, das Nur-am-Leib-Getragene, wenn es darum geht, nichts als das nackte Leben zu retten, seines und das seiner Liebsten. Später werde ich begreifen, was für ein Schatz ein solches Foto ist, wenn man es überhaupt noch vorzeigen kann, letztes Überbleibsel aus früheren Zeiten, aber dafür muss ich Darija noch ein paar Monate bei ihren Hausbesuchen begleiten. Beim Filmen dieser Gespräche, die eine Art von Grabung im Gedächtnis darstellen, so klinisch und präzise wie die in einem Massengrab, werde ich oft an das denken, was genauso verlorengegangen ist wie die zerstörten und gestohlenen Habseligkeiten in den geplünderten und verwüsteten Häusern, nämlich die kleinen Geschichten und Anekdoten, die man erzählen kann, wenn man einen dieser Gegenstände in die Hand nimmt: »Das sind die Tassen deiner Großmutter« oder »Hier, die Uhr deines Großvaters«. Und daraus folgt sogleich mehr: »Deine Großmutter mochte schöne Dinge« oder »Diese Uhr hat er sich von seinem allerersten Lohn gekauft«.

Jetzt und hier aber, in Fadilas Wohnzimmer, schnappe ich nur ein paar Worte auf, slika, rat, ništa. Der Dialog vor meiner Kamera findet ohne Dolmetscher statt, und erst, wenn ich nachher mit Darija im Auto sitze und sie mir eine Zusammenfassung gibt, werde ich mehr wissen. Der wahre Gehalt all dieser Unterhaltungen wird ohnehin erst sehr viel später zutage treten, wenn das unzählige Stunden umfassende Rohmaterial von Zoran gesichtet wird, der mir Minute für Minute das Gesprochene auf Französisch wiedergibt, die Worte wie das Zögern. Vorerst kann ich mich hinter der Kamera nur auf meine Augen verlassen, um die Gesten, die Haltungen, die Seufzer zu deuten und auch dieses Unsichtbare, das sich um uns herum ausbreitet wie Nebel, der sich nach und nach verdichtet, während Darija ihre Fragen stellt, das, was nicht durch Worte vermittelt wird, sondern durch einen Blick, der sich aufhellt oder trübt.

»Hallo, ist jemand zu Hause?« Ein Mann Anfang fünfzig kommt herein, Fadila lächelt ihn an. »Ach, Fadil!«, sagt sie und erklärt Darija: »Das ist mein ältester Sohn, derjenige, der schon zwei Monate nach seinem Onkel geboren wurde. Und der Papa unserer Mädchen.« Nach dem üblichen Austausch von Höflichkeiten setzt sich Fadil hin, und Darija fährt mit ihren Fragen fort: »Gab es bei Hazim Knochenbrüche oder Amputationen? Und was ist mit seinen Zähnen? Hatte er eine Zahnprothese?«

»Nein, Hazim war kerngesund, und so geschickt. Er konnte Motorräder reparieren, Autos auch, er konnte so viel.«

»Und Sadik? Wie war er?«

»Schmaler als Hazim«, sagt Fadilas Sohn. »Und unverheiratet.«

»Als ich Ihre Tante aufgesucht habe, sagte sie mir, er sei ein wenig ... er habe sich durchaus angestrengt, aber ...«

»Er hatte eine schnelle Auffassungsgabe«, wirft Fadila ein.

»Bestimmt, aber es heißt, er sei ...«, setzt Darija noch einmal an. Sie sucht nach den richtigen Worten, möchte Fadila die Möglichkeit geben, den Satz selbst zu Ende zu führen.

»Er hatte sich im Keller versteckt, mit den Frauen und Kindern«, erklärt Fadila. »Dort haben sie ihn rausgeholt. Meine Schwägerin hat es mir erzählt, sie war dabei. Er soll geweint und geschrien haben: ›Lass nicht zu, dass sie mich hier rausschleppen!‹ Das haben sie aber, und danach hat man ihn nie wieder gesehen.«

»Das war am 23. Juli 1992, richtig?«, fragt Darija.

»Ja, genau.«

»Könnten Sie mir beschreiben, wie Sadik aussah? Größe, Haarfarbe ...«

»Er hatte braunes Haar. Und wog so ... an die achtzig Kilo.«

»Trug er eine Brille?«

»Nein?«

»Rauchte er?«

»Ja, und wie! Er rauchte für sein Leben gern. Das hat ihm die Zähne verdorben. Zigaretten waren ihm wichtiger als Essen.«

»Trug er ein künstliches Gebiss?«

»Nein. Aber seine Zähne waren schwarz verfärbt.«

»Hatte er gesundheitliche Beschwerden?«

»Er hatte es mit den Nerven, war deswegen auch in Behandlung.«

»Knochenbrüche oder Amputationen?«

»Nein, nichts dergleichen.«

Darijas Hand hält jede Antwort fest, hakt Kästchen ab, dreht das Blatt um, nächste Frage, »Bart oder Schnurrbart?«, »Rechts- oder Linkshänder?«, eine unerbittliche Litanei, die ein Individuum auf eine Liste aus rein äußerlichen Merkmalen reduziert. Es spielt keine Rolle, ob jemand ein begnadeter Mechaniker war oder mit den Nerven zu kämpfen hatte, denn das ist den Knochen nicht zu entnehmen. Dabei sind es gerade solche Erinnerungen, die wieder aufleben: »Pass auf die Kinder auf«, »Lass nicht zu, dass sie mich hier rausschleppen«. Später werde ich beim Korrekturlesen von Zorans Übersetzung an Hazims junge Ehefrau denken, die beide Brüder unmittelbar vor ihrem Verschwinden gesehen hat, einen nach dem anderen, eine Frau, die als Witwe mit zwei kleinen Kindern zurückblieb und nichts als die letzten Worte beider Brüder erbte.

»Elvis, der älteste Sohn von Hazim, wich seinem Vater nie

von der Seite«, erinnert sich Fadila. »Seit seinem Verschwinden geht es dem armen Jungen immer schlecht. Er raucht pausenlos und vergisst zu essen. Der Jüngste war damals erst ein Jahr alt, er erinnert sich an nichts. Meine Schwester Ajša kümmert sich ein bisschen um die beiden. Wenn sie aus Deutschland kommt, hat sie jedes Mal den Kofferraum voller Lebensmittel für die Jungs. Die Mutter hat wieder geheiratet, sie schert sich nicht um ihre Söhne.«

»Sie war ja sehr jung, als sie ihren ersten Mann verlor«, gibt Darija zu bedenken. »Und so hat sie ihr Heil woanders gesucht. Diese harsche Kritik hat sie nicht verdient.«

»Das stimmt«, räumt Fadila ein.

»Und Sie wohnen hier in der Nähe, richtig?« Diese Frage richtet Darija an den Sohn.

»Ja, im Haus gleich hinter diesem, mit meinen vier Kindern. Ihre Mutter hat uns verlassen.«

»Im Ernst?«

»Ja. Sie ist mit dem Jüngsten weg, unserem fünften Kind. Wie sollte eine Ehe auch halten, nach allem, was uns hier passiert ist?«

Es klingt bitter. Die beiden Teenagerinnen schweigen. Medina bringt den Kaffee aus der Küche, ihre Schwester starrt auf dem Sofa ins Leere. Sie sind beide lange nach dem Krieg geboren, aber die Worte ihres Vaters führen sie unweigerlich dorthin zurück. Dass ihre Mutter weg ist, hat mit diesem Krieg zu tun, genau wie die Bitterkeit ihres Vaters. Er führte zu so vielen Traumata, so viel Leid, dass selbst die Nachgeborenen nicht davon verschont bleiben.

»Und noch eine Bitte, Fadila«, sagt Darija, bestrebt, das Gespräch auf ein unverfänglicheres Thema zurückzuführen, »ich bräuchte Ihre Unterschrift auf diesen Formularen, damit ich Ihnen gleich Blut abnehmen darf.«

»Ich bin aber nie zur Schule gegangen, mein Kind, ich kann weder lesen noch schreiben.«

»Macht nichts, dann nehmen wir eben Ihren Daumenabdruck.«

»Zu meiner Zeit hat man vor allem die Jungen in die Schule geschickt, meine Schwester ging auch hin, aber ich war die Älteste, man brauchte mich zu Hause, um die Kühe zu hüten. Es hieß: Eine von euch beiden darf die Schule besuchen. Und da sagte ich zu meiner Schwester: Geh du, ich bleibe hier. So war das, meine Liebe, aber was soll's ...«

»Es hat Ihnen ja trotzdem an nichts gefehlt. Ihnen ist ein langes Leben vergönnt, Sie haben Ihre Kinder und Enkelkinder ... Drücken Sie Ihren Daumen bitte hierhin ... Und jetzt nehme ich Ihnen etwas Blut ab. Reichen Sie mir bitte Ihre Hand?«

»Nur die Hand? Ich dachte, Sie brauchen dafür eine Blutader.«

»Aber nein, ein Zeigefinger reicht. Es sind nur vier Tropfen, das geht ganz schnell.«

Fadilas Hand ist blass und faltig, eine Hand, die viel geschleppt, gekocht, gewischt, getröstet hat, eine Hand, die Kühe zusammentrieb, anstatt im Unterricht mitzuschreiben.

»Ich habe einen ziemlich schwachen Kreislauf«, erklärt Fadila, als Darija in ihren Zeigefinger sticht.

»Keine Sorge, das geht schon. Drehen Sie den Handteller bitte nach unten, dann drücke ich auf Ihren Finger und entnehme die vier Tropfen.«

Es wird still, ein geradezu feierlicher Moment, es ist der einzige konkrete Beitrag, den Fadila leisten kann, damit ihre beiden Brüder gefunden werden. Die Mädchen schauen zu, in diesen vier Tropfen Blut konzentrieren sich mehr als zwanzig Jahre des Wartens, vier Tropfen einer dunkelroten Hoffnung trocknen nun auf der Karteikarte, die Darija anschließend in einen Umschlag stecken und versiegeln wird. In ein paar Monaten werde ich das Labor aufsuchen, wo die Kartei-karten gelocht und die Blutstropfen untersucht werden, um ein DNA-Profil zu erstellen. Auf dem Bildschirm erscheint es in Gestalt einer Reihe senkrechter Balken in verschiedenen Farben, die eine Identität erfassen. Diese Sequenzen werden dann mit den Profilen abgeglichen, die in einem anderen La-bor aus den bisher untersuchten Knochenproben gewonnen wurden – jenem Labor in Banja Luka, das sich auf der gleichen Etage befindet wie Darijas Büro und wo die Knochen pulveri-siert werden, bevor sie in Balkenform auf dem Computer-bildschirm erscheinen. Die letzte Phase – die des Abgleichs – kommt einem dann unglaublich einfach vor, sie erfolgt automatisch in der Datenbank und das Ergebnis wird im Fall eines *Matchs* binnen Sekunden angezeigt: eine Wahrschein-lichkeit von 99,95 Prozent oder mehr, dass zwischen diesem Profil und einem anderen eine Blutsverwandtschaft besteht. Wird dieser Prozentsatz unterschritten, leben die Hinterblie-benen weiterhin in Ungewissheit.

»Etwas Saft vielleicht? Nur zu!«

Darija hat ihre blauen Handschuhe ausgezogen, die Kek-se abgelehnt, gefragt, ob sie rauchen darf, und den Kaffee an-genommen, nur eine halbvolle Tasse, die ihr von Medina ge-reicht wird. Ich lasse die Kamera stehen und setze mich zu Darija aufs Sofa, schon habe ich in diesem kleinen Wohnzim-mer eine andere Haltung und Perspektive, bemerke die wei-ßen Spitzendeckchen unter dem Fernseher, auf den Regalen, das erinnert mich an das Zuhause von Emira und Mehmed.

Fadila vermag wieder zu lächeln, die Stille weicht, das Ge-spräch beginnt von Neuem, über weniger schwerwiegende Dinge – das Wetter, die Wasserversorgung – und gleitet dann ins Politische: Die junge Generation, die Nachgeborenen, sie nähren sich vom Nationalismus, den die Parteien schüren, wobei das »vor dem Krieg nicht so war«. Darija dreht sich eine Zigarette und nickt, erzählt von ihrer eigenen gemischten Herkunft, Vater Serbe, Mutter Kroatin, vor dem Krieg habe niemand daran Anstoß genommen, und sie seien immer noch ein Paar. Fadila pflichtet Darija bei, ihr Ismet habe ein Mädchen geheiratet, dessen Vater auch Serbe ist, und alles sei wunderbar. »Sie verstehen sich bestens, haben zwei Kinder bekommen. Es ist doch egal, zu welchem Gott du betest und wie du ihn nennst, dieser ganze Nationalismus ist nichts als die Ausgeburt eines kranken Hirns.« Und dann fragt Fadila, unversehens ins vertraute Du wechselnd: »Hast du Kinder?«

»Nein. Ich bin nicht verheiratet. Ich lasse dem Schicksal freien Lauf!«

»Mögest du dein Glück finden, mein Kind. Das wirst du, jung und schön, wie du bist. Du bist ein feiner Mensch. Das habe ich schon gedacht, als du mich angerufen hast: Das ist ein feiner Mensch.«

Und sie seufzt, ein langer, schwerer Seufzer, in dem die Erschöpfung vieler Jahre steckt: »All das ruft mir so vieles in Erinnerung, mein Kind ... Nach deinem Anruf musste ich sehr weinen.«

10

ARBEIT, DIE UNTER
DIE HAUT GEHT

»Diesmal war ich entspannter«, sagt mir Darija im Auto, als wir das Haus von Fadila passieren. Sie steht noch auf der Schwelle und winkt uns zu. Darija antwortet mit einem Hupen und ruft ihr aus dem offenen Fenster »Auf Wiedersehen« zu.

»Ich habe versucht, so zu tun, als ob du nicht da wärst«, fährt sie fort und wirkt erleichtert. Links und rechts ziehen die Häuser von Gradiška an uns vorbei, bis Banja Luka ist es noch eine knappe Stunde. Darija zündet sich die Zigarette an, die sie sich vorhin für unterwegs gedreht hat.

»Diese Frage nach den Kindern wird mir oft gestellt«, sagt sie und zieht an ihrer Zigarette. »Die Leute staunen: ›Wie ist das nur möglich, so eine schöne junge Frau wie du, ohne Mann und ohne Kinder?‹ Und dann wollen sie mich gleich verkuppeln!« Sie lacht mit ihrer leicht heiseren Stimme. Und dann fasst sie alles für mich zusammen, was ich zuvor nicht verstanden habe, die Geschichte von Hazims Frau, die nach Deutschland heiratete, und auch, dass die Mutter der Zwillingsmädchen die Familie verlassen hatte.

»Im Grunde hast du ständig mit diesen Familiengeschichten zu tun.«

»Ja, das kann man so sagen.«

Manchmal stellt sich bei den DNA-Analysen heraus, dass der rechtliche Vater nicht der leibliche Vater ist.

»Das ist heikel. Wir wissen Bescheid, dürfen aber nichts

preisgeben. Und dann müssen wir eben andere Blutspender innerhalb dieser Familie ausfindig machen.«

Ich denke daran, wie weit sie mit ihren doch so einfachen Fragen in die Intimsphäre ihres Gegenübers vordringt. So viel Unausgesprochenes, Geheimnisse, verborgener Groll und dieser Balanceakt, den sie meistern muss, zwischen Zuwendung und Distanz, zwischen Anteilnahme und Zurückhaltung – sie ist ja nicht als Psychotherapeutin da, sondern um einen Erfassungsbogen auszufüllen.

»Wurdest du eigentlich geschult, als du diese Arbeit aufgenommen hast, oder hat man dir Tipps gegeben, wie du am besten mit diesen Situationen umgehst?«

Meine Frage sorgt für schallendes Gelächter.

»Nein, überhaupt nicht! Ich tue einfach, was ich kann.«

Wir fahren und fahren, Felder, ein Dorf, immer wieder die gleichen Häuser mit Schrägdach, ein Lebensmittelgeschäft, eine Bäckerei, wie ich jetzt am Namen erkenne: *pekara*.

»Manche Geschichten sind unglaublich«, sagt Darija. »Und eine hat mich besonders beeindruckt. Das war vor rund fünfzehn Jahren, als die ICMP gerade in Bosnien anfing. Meine Kollegen und ich hatten die Eltern eines jungen Mannes, der als vermisst gemeldet worden war, kontaktiert, um Blutproben abzunehmen. Sie weigerten sich. Wir haben mehrmals angerufen, um sie umzustimmen, ihnen alles zu erklären, um zu begreifen, wo das Problem lag. Schließlich bat uns der Vater, sie gefälligst in Ruhe zu lassen und ihre Entscheidung zu respektieren. Das haben wir getan, ohne ihre Verweigerungshaltung jemals nachvollziehen zu können. Und dann ist der Vater gestorben, vor etwa fünf Jahren. Ein, zwei Jahre später starb auch die Mutter. Und da melden sich die Onkel des jungen Mannes bei uns. Sie wollen wissen, ob sie Blutproben abgeben sollen, ob das helfen würde, um ihren verschwundenen Neffen zu identifizieren. Das bejahen wir und laden sie ein. Und da erzählen sie, dass der Vermisste ein Einzelkind war und die Mutter ihrem Mann geschworen hatte, sie werde sich umbringen, falls sie vom Tod ihres Sohnes erführe. Für sie war er nach wie vor am Leben, irgendwo, vielleicht in einem Gefängnis in Serbien oder Kroatien. Nach dem Krieg gab es viele solche Gerüchte. Das Unglaublichste aber« – Darija rückt ihre Sonnenbrille zurecht – »ist, dass der Vater Bescheid wusste. Er war in der Leichenhalle gewesen, um unter mehreren Toten seinen Sohn zu identifizieren. Die Formulare hat er aber nie ausgefüllt, und vor allem hat er seiner Frau kein Wort davon verraten, nie. Sie haben weiterhin zusammengelebt, und als der Mann starb, nahm er sein Geheimnis mit ins Grab. Danach erhielt seine Frau regelmäßig anonyme Anrufe, von Leuten, die zu ihr sagten: ›Wir wissen, wo dein Sohn ist, gib uns so und so viel Geld, dann bekommst du die Adresse.‹ Sie ist in der Hoffnung gestorben, dass ihr Sohn noch am Leben war. Die Onkel wussten über all das Bescheid. Auch sie haben der Mutter nichts verraten, sie respektierten den Willen des Vaters, aber nachdem beide verstorben waren, meldeten sie sich bei uns, um Gewissheit zu haben. Und so konnte der Sohn endlich amtlich identifiziert werden. Bis dahin hatten seine Überreste zwanzig Jahre lang in der Leichenhalle von Banja Luka gelegen.«

»Das ist ja furchtbar«, sage ich. »Dass dieser Mann bereit war, einen so hohen Preis zu zahlen, um seine geliebte Frau zu beschützen ... Aber ist es überhaupt Liebe, wenn man sein Kind in der Leichenhalle verwesen lässt, anstatt es anständig zu begraben?«

»Das weiß ich nicht«, sagt Darija und verstummt sogleich, als wäre Stille die einzige angemessene Reaktion auf diese Geschichte. Nach einer Weile fügt sie hinzu: »Das weiß niemand.«

Damit hat sie sicher recht. Wie bei so vielen Geschichten, die wir hier zu hören bekommen, sind die getroffenen Entscheidungen für Außenstehende nicht nachvollziehbar. Man kann die Folgen konstatieren, den Preis mehr oder weniger ermessen, ihr Sinn aber, falls es einen gibt, bleibt verborgen.

»Hattest du auch schon mal Angst?«

»Angst? Nein. Einmal hatte ich ein Gefühl von Gefährdung. Im Fall eines Serben, der in Kroatien lebte und dessen Bruder verschwunden war. Ich bin zu ihm gefahren, um die Blutprobe abzunehmen. Am Telefon hatte er normal geklungen, aber als ich ankam, war er sturzbetrunken und schrie gerade seinen Nachbarn an. Er hat mich nicht mal begrüßt, sondern brüllte nur: ›Geh ins Haus!‹, und dort fing er an, vom Krieg zu erzählen, von seinen Verwundungen, er riss sich die Kleider vom Leib, um sie mir zu zeigen, bis er schließlich von den Waffen schwadronierte, die er besaß. Er holte sie aus den Schränken und trank immer weiter. Drei Stunden dauerte das schon, ich überlegte, wie ich ihn wohl beruhigen und ihm endlich das Blut abnehmen könnte. Als er seine Knarren und Flinten rausgeholt hat, dachte ich, das wird unter Umständen ein böses Ende nehmen. Seine Frau war zwar auch da, aber sie konnte nichts gegen ihn ausrichten, er brüllte sie genauso nieder wie den Nachbarn. Am Ende sagte ich: ›Was ist denn das für ein Empfang? Seit drei Stunden genehmigst du dir ein Gläschen nach dem anderen, aber mir bietest du keins an?‹ Da war er sofort ruhig und hat seine Frau gebeten, ihren besten Rakija zu holen. Nachdem ich zwei Gläser mit ihm getrunken hatte, konnte ich die Blutprobe abnehmen. Beim Abschied nahm mich der Kerl weinend in die Arme und sagte, er hoffe sehr, dass ich seinen Bruder finde.«

»Und du hattest wirklich keine Angst?«

»Nein! Ich war sauer! Ich hatte mehr als 400 Kilometer zurückgelegt, um diesen Mann aufzusuchen, ich war nur seinetwegen dort und wollte auf keinen Fall unverrichteter Dinge zurückkehren. Angst bringt einen ohnehin nicht weiter.«

Wir nähern uns Banja Luka, die Landschaft wird urbaner: Industriebauten, ein Einkaufszentrum, Wohnhäuser. Ich filme die Straße vor uns, den Stadteingang, die baumbestandenen Straßen, Darijas Profil, ihre Hände am Steuer, ihren entschlossenen Blick.

It get's into your skin«, sagt sie auf Englisch, »mein Beruf geht mir direkt unter die Haut. Ich kann mir nichts anderes mehr vorstellen. Ich liebe es, unterwegs zu sein. Am Anfang waren wir zu mehreren, und dann wurden die Stellen nach und nach abgebaut, sodass ich jetzt ein Team leite, das nur aus mir selbst besteht.« Sie lacht. »Aber das stört mich nicht. Ich liebe meine Freiheit. Erinnerst du dich an diesen Fall, von dem ich dir gestern erzählt habe, die alte Dame, die nie als vermisst gemeldet wurde, deren Spur ich aber in alten Listen des Roten Kreuzes gefunden habe? Seit Tagen versuche ich herauszufinden, ob sie noch Angehörige hat, und telefoniere alle möglichen Leute ab. Tja, und heute Morgen rief ein Mann bei mir an, der aus dem gleichen Dorf stammt, und gab mir die Telefonnummer ihres Neffen! Er lebt in England, in Bristol. Also werde ich eine Akte anlegen, und dann können wir beim Neffen eine Blutprobe anfordern.«

Sie spricht voller Begeisterung, strahlt übers ganze Gesicht. Als lägen ihr solche Fälle noch mehr am Herzen als alle anderen. Darija bezeichnet sie als die »unsichtbaren Vermissten«, sie sind nirgendwo gemeldet und jeglicher Form von Existenz beraubt. Oft sind es ältere kinderlose Menschen, die in ihrem Dorf geblieben sind, während alle anderen flohen. Als der

Krieg vorbei war, beantragte niemand die Suche nach ihnen. Einige dieser Toten liegen in irgendeiner Leichenhalle, bei den N.-N.-Fällen, die Senem mit ihrem Team zu lösen versucht.

Am Abend treffe ich mich wieder mit Darija, um Ćevapi zu essen, »die besten der Stadt«, wie sie sagt. Der kleine Imbiss macht nicht viel her, aber die Ćevapi sind köstlich. Wir essen sie mit den Fingern, pikante Grillwürstchen und dazu ein rundes, ofenwarmes Weißbrot. Draußen ist es immer noch glutheiß, selbst zu dieser vorgerückten Stunde, da tut das eiskalte *Nektar* unbeschreiblich gut. »Bei dieser Hitze trinke ich wahnsinnig gern Bier«, sagt Darija. Sie erzählt mir von ihrer kleinen Nichte, um die sie sich oft kümmert, von ihren Zweifeln, ob sie als Single ein Kind bekommen soll, vom verlassenen Welpen, den sie bei einer Wanderung mit einem Freund im Wald aufgelesen hat – »jetzt teilen wir uns das Sorgerecht für dieses Hündchen«, sagt sie lachend. Dann erzähle ich ihr von meiner Familie, die ich seit einem Jahr neu zusammensetzen lerne, die Kinder und Stiefkinder, inzwischen sind wir daheim zu sechst. Die Kellnerin, Köchin und Wirtin in Personalunion – sie betreibt diese Imbissbude ganz allein – kommt mit einem Fotoapparat auf uns zu. »Darf ich? Für unsere Facebook-Seite?« Also posieren Darija und ich kichernd wie Teenagerinnen, mit dem Bier in der Hand.

»Das hier war schon immer eine Ćevabdžinica«, erklärt Darija. »Während des Kriegs musste die Besitzerin mit ihrer muslimischen Familie aus Banja Luka weg. Danach ist ihre Tochter aber zurückgekehrt und hat das Lokal wiedereröffnet – und wie du siehst, sind auch die Gäste zurückgekehrt.«

Um uns herum sind sämtliche Tische besetzt, mit Familien, Pärchen, Freundescliquen, Leuten, die von der Arbeit kommen. Jeden Tag füllt sich die Facebook-Seite mit neuen Fotos.

Als wir den Imbiss verlassen, schlägt Darija vor, am Ufer des Vrbas noch ein Bier zu trinken. Wir gehen im Dunkeln zum Fluss, sie zeigt mir die zentrale Ferhadija-Moschee, die im Krieg komplett zerstört worden war und erst vor zwei Monaten anlässlich des Opferfestes wiedereröffnet wurde, nach fünfzehn Jahren Rekonstruktion.

»Am Tag ihrer Zerstörung hatte ich das Gefühl, einen Teil meiner selbst verloren zu haben. Eine 500 Jahre alte Moschee. Sie haben ja alle Moscheen der Stadt plattgemacht, aber diese hier war die älteste. Ich war die Gebetsrufe in meinem Viertel gewohnt, und auf einmal sind sie verstummt. Es herrschte nur noch Stille.«

Ich weiß genau, was sie meint. Ich bin in einem muslimischen Land aufgewachsen, und als Kind habe ich die Stunden nicht mit Uhrzeigern gemessen, sondern anhand der Rufe des Muezzins. Die Stille mutet so an, als wäre die Zeit stehengeblieben.

»Ich mache mir nichts vor«, sagt Darija, kaum ist die Flasche *Nektar* auf der Terrasse am Flussufer geöffnet. »Ich mache mir nichts vor, was diese unsichtbaren Vermissten angeht.«

»Was meinst du damit?«

»Ich weiß sehr wohl, dass jeder neue Fall, den ich ausfindig mache, die Liste um einen Namen erweitert und damit gewissermaßen meine Arbeit rechtfertigt. Und ich weiß auch, dass es meinem Chef lieber wäre, wenn die Liste kürzer werden würde und nicht noch länger!«

Am Nebentisch sitzt eine Gruppe von Freundinnen über fünfzig, die genau wie wir Bier trinken und einander Geschichten erzählen, von denen ich kein Wort verstehe und die sie immer wieder laut auflachen lassen. Darija wirft ihnen einen belustigten Blick zu. »Ladies Night, ein Mädelsabend«, sagt sie, und wir müssen beide lächeln. Sie dreht sich eine Zigarette, zündet sie an und blickt mir direkt in die Augen: »Ich mache mir nichts vor, ich bin mir all dessen bewusst, aber das macht nichts. I'm a pain in the ass, ich bin eben eine verdammte Nervensäge!« Und sie lächelt so breit, dass ihre Augen blinzeln.

11

WASSERFLÖHE
UND
SCHMETTERLINGE

Der Regen prasselt in dicken Tropfen gegen die Zugfenster und überzieht sie mit schrägen Schlieren. Am Himmel deutet nichts auf ein baldiges Aufklaren hin, die Wolken ballen sich ringsum an den Berghängen und scheinen sich nicht mehr zu bewegen. Mir steht eine verregnete Heimfahrt nach Paris bevor. Es ist Abend, und der Lokomotivenwechsel an der Grenze dauert länger als sonst, oder vielleicht liegt es an irgendeiner Zoll- oder Passkontrolle. Genau an dieser Stelle habe ich immer das Gefühl, dass meine Reise beginnt oder endet, je nachdem, in welche Richtung ich die Grenze passiere. Ich fahre mit Festplatten voller Bilder nach Hause – und mit der Hoffnung, dass ich bald zurückkommen kann, um weitere zu drehen.

Vorgestern habe ich einen letzten Tag mit Darija verbracht, in Kostajnica, unweit dieser Grenze, bei einer serbischen Familie und wegen einer recht außergewöhnlichen Angelegenheit: Es ging darum, den Fall von 55 serbischen Soldaten wieder aufzurollen, die im Krieg exekutiert worden waren und deren Leichen man 1995, ein halbes Jahr später, an die Hinterbliebenen übergeben hatte. Bis auf vier waren alle von ihren Angehörigen ohne Hilfe von DNA-Analysen erkannt worden. Jetzt aber, da der internationale Gerichtshof sich für diesen Fall näher interessierte und Untersuchungen angeordnet hatte, um die Identität eines Opfers zu bestätigen, gab es eine unangenehme Überraschung: Das Untersuchungsergebnis stimmte nicht mit der Identität überein. Im Lauf der folgenden Ermittlungen stellte sich heraus, dass der gesuchte Tote zu jenen vier gehörte, die seit zwanzig Jahren unerkannt in der Leichenhalle lagen.

»Also fangen wir jetzt wieder bei null an und führen in jedem der Fälle eine DNA-Analyse durch«, erklärte Darija, als wir zur Una fuhren, dem Fluss, der die Grenze zwischen Bosnien und Kroatien bildet.

Unmittelbar vor dem Grenz- und Polizeiposten bogen wir links ab und fuhren in den Hof eines kleinen Wohnhauses. Ein etwa zehnjähriges Mädchen rannte als Erste die Treppe herunter, mit kindlichen Pausbäckchen, schelmischem Blick und langem blonden Haar, das ihr über den Rücken fiel. Sie sah uns neugierig an, hin- und hergerissen zwischen einer gewissen Scheu und dem unbändigen Wunsch zu begreifen, was hier los war. Und dann erschien die Frau, die wir aufsuchen wollten, Slobodanka, in Begleitung ihrer Mutter und ihrer ältesten Tochter und mit einer Plastiktüte, aus der sie eine Packung Fruchtsaft, zwei Gläser und eine Schachtel Kekse hervorholte, um sie auf den großen Hoftisch zu stellen. Die übliche Gastfreundschaft. Die Frauen setzten sich zu beiden Seiten von Darija auf die Bank, und sie erklärte ihnen noch einmal die Ausgangslage, die sie bereits am Telefon skizziert hatte. Der Vater von Slobodanka war einer von diesen 55 Soldaten, man hatte ihn auf die herkömmliche Weise identifiziert, ohne jene Analysen, die inzwischen unabdingbar sind, um jeden Irrtum auszuschließen.

Darija wandte sich direkt an Slobodanka: »Da Sie seine Tochter sind, benötigen wir von Ihnen eine Blutprobe. Als ich mit Ihrer Mutter telefonierte, sagte sie mir, dass Sie zwar in

Serbien leben, während der Sommerferien aber hier sein würden. Darum bin ich jetzt hergekommen.«

Slobodanka wirkte überfordert, so viele Informationen in so wenigen Sätzen, eine uralte Geschichte, die es plötzlich nach zwanzig Jahren auszugraben galt, nachdem sie in dieser langen Zeit versucht hatte, über den Tod ihres Vaters hinwegzukommen. Sie zündete sich eine Zigarette an und überließ es ihrer Mutter, Darijas Fragenkatalog zu beantworten – Größe, Gewicht, Haarfarbe, Amputationen, Zahnzustand –, während ihr leerer Blick hinter dem blauen Dunst verschwand. Als ihr Vater starb und bei ihrer Hochzeit einen leeren Stuhl hinterließ, war sie neunzehn Jahre alt. Er fehlte bei der Geburt ihrer drei Kinder, an Heiligabend und bei den Schulaufführungen der Kleinen. Lauter Ereignisse, die Jahr für Jahr sein Verschwinden in Erinnerung riefen. Als ich ihr Gesicht durch den Sucher betrachtete, war es mir einen Moment lang peinlich, mich ihr auf diese Weise zu nähern, ich im Schutz der Kamera und sie mit preisgegebenem Blick. Ähnlich heftig hatte ich es am Massengrab von Tomašica empfunden, angesichts der trauernden Angehörigen auf der Suche nach einem geliebten Menschen.

Während dieser ganzen Zeit – den Erläuterungen, dem Ausfüllen des Erfassungsbogens, dem Unterschreiben der Formulare – war das kleine Mädchen still sitzen geblieben, ihrer Mutter gegenüber, und hatte all das verfolgt, ohne einen Ton von sich zu geben. Überall auf der Welt verwandelt das Leid der Eltern ihre Kinder in geradezu unsichtbare Statuen, die brav darauf warten, dass die Mutter wieder zu ihrer vertrauten Mama wird, die sie nach der Blutabnahme bittet, den Gästen doch Saft einzuschenken, die Keksschachtel aufmacht und ein Lächeln andeutet, das vom kleinen Mädchen voller Erleichterung erwidert wird.

Darija packte ihre Unterlagen weg, den Umschlag mit den

vier Blutstropfen, holte ihren Tabakbeutel aus braunem Leder heraus und das silberne Metalldöschen mit den Filtern, um ihr ganz persönliches Abschlussritual zu zelebrieren. »Das braucht seine Zeit«, scherzte sie mit Blick auf Slobodanka, die sich einfach eine weitere Zigarette ansteckte.

»Da ich nicht rauche, nehme ich mir einen Keks«, sagte ich auf Englisch und setzte mich mit auf die Bank. Auch ich habe mein Ritual: die Tasse Kaffee, das Glas Fruchtsaft, den dampfenden Börek, den Schokokeks, das Gläschen Rakija. Es besteht darin, die Gastfreundschaft anzunehmen, die mir bei jedem einzelnen Besuch, in jedem einzelnen Haus zuteilwird.

Grenzpolizisten öffnen die Tür meines Abteils, »Ihren Ausweis bitte«. Ich reiche ihnen meinen finnischen Pass. Draußen regnet es weiterhin, der erste richtige Regen seit meiner Ankunft. Meiner Tasche entnehme ich ein Sandwich, das Emira vorhin für mich gemacht hat, und eine Birne aus ihrem Garten. Nach meinem Abschied von Darija war ich noch auf einem Sprung in Trnopolje. Mirela war auch da, sie verbrachte die Ferien bei ihren Eltern. Ich hatte das Gefühl, Teil der Familie zu sein. Wir setzten uns auf die Terrasse, um Kaffee zu trinken, um Neuigkeiten auszutauschen, um das Miteinander zu genießen. Einander zu wärmen. Als es Abend wurde, schlug ich vor, ins Stara Bašta in Kozarac essen zu gehen: »Ich lade euch ein, das wollte ich schon so lange.« Sie waren alle Feuer und Flamme, und ich war froh, mich endlich revanchieren zu können, nachdem ich seit Jahren herkomme und immer ein frisch bezogenes Bett vorfinde, und Brot auf dem Tisch, wenn ich in aller Herrgottsfrühe aufbreche, eine Pita Jabuka vom Vortag, mit den Äpfeln zubereitet, die Mehmed aufgesammelt hat.

Im Stara Bašta haben wir zu viel Fleisch gegessen, wie immer, und den beiden Sängern gelauscht, die bei voller Lautstärke spielten, wie immer, sodass kein Gespräch möglich war, es sei denn, man schrie sich heiser. Mehmed sang mit, Emira und Mirela auch, all diese Lieder, deren Melodien mir allmählich vertraut sind, so oft habe ich sie in Bars und Bussen und an den Abenden im Stara Bašta gehört. Emiras Lächeln reichte bis in ihre Augen hinauf, und es war schön, sie so zu erleben, wie sie die Hand ihres Mannes ergriff und sich von der Musik wiegen ließ, während das Leben für einen Augenblick alles ausblendete, was hart und schwer war.

Als sie heute Morgen für Mirela und mich Frühstück machte, legte sie neben meine dampfende Kaffeetasse eine Rose aus ihrem Garten. »Für dich«, sagte sie. »Für deine Hochzeit in diesem Sommer.« Mirela meckerte zum Spaß: »Ich will auch eine!« Emira wehrte entschieden ab: »Nur für die Braut!«

Zwei Stunden später fuhr ich mit Mirela zum Massengrab von Tomašica. Das war nicht meine Absicht gewesen. Ich verspürte nicht mehr den Drang, diese Grabungsstätte zu filmen, nachdem ich so viel Zeit mit Senem und Darija verbracht hatte, als wäre die Geschichte nicht mehr dort zu finden, sondern bei diesen Frauen. Und als ich es mir dann anders überlegte, bot Mirela an, mich dorthin zu fahren. »Ich brauchte ohnehin einen Anlass, um das Grab zu besuchen«, sagte sie.

Anderthalb Stunden haben wir danach gesucht. Meine Erinnerungen waren zu vage. Ich hatte es versäumt, die GPS-Koordinaten zu notieren, und auf Google Maps sind die Grabungsstätten nicht verzeichnet. Die Hinweise von Leuten, die gelegentlich unseren Weg kreuzten, führten alle über verschiedene Umwege zum Dorf Tomašica, und je näher wir kamen, desto komplizierter wurde es. Wohin genau? Zur Mine? Wollen Sie jemanden besuchen? Nein, wir suchen ein Massengrab, und zwar jenes, das 2013 dort gefunden wurde. Verschlossene Gesichter, kennen wir nicht, nie gehört, wir sind nicht von hier. Die Situation war so absurd, dass Mirela und ich lachen mussten. Schließlich sorgte sie für einen Strategiewechsel. »Hol deine Kamera raus«, sagte sie. »Stell sie gut sichtbar auf deine Knie, das macht dann einen seriösen Eindruck.« Und dann sagte sie zu Passanten: »Guten Tag, ich begleite eine Journalistin, wir suchen das Massengrab von Tomašica, wissen Sie, wo es ist?« Zwei junge Radlerinnen haben uns den Weg präzise beschrieben, diesen nebligen und holperigen Feldweg, den ich zwei Jahre zuvor befahren hatte.

Am Ende fanden wir einen hübschen kleinen Teich vor. Die von Erdhaufen gesäumte Grube hatte sich mit Regen gefüllt und Wasserflöhe angezogen, Schmetterlinge und auch Libellen, die auf dem Schilfrohr im Wind balancierten. Auf dem lehmigen Boden waren Spuren von Tieren zu erkennen, Rehe vielleicht, die aus der Grube getrunken hatten. Es herrschten Ruhe und Stille, trotz Donnergrollens in der Ferne. Vom Grauen war nichts zu spüren, nichts zu riechen, wir standen vor einem schlichten Froschteich, so friedlich wie alle Naturlandschaften. Ich dachte an Senem, an die Toten, die man vor meinen Augen ausgegraben und der Reihe nach auf die Bretter gelegt hatte, die über den matschigen Boden verteilt waren, dachte an den markanten Geruch, an diese Erde, aus deren Eingeweiden die Überreste herausgeholt wurden, die sie niemals verdaut hatte. Damit war es nun vorbei. Auf dem orangebraunen Boden lag noch ein ausgeblichenes Stück Flatterband als letztes Überbleibsel von monatelangen Grabungen, von unzähligen Spatenstichen und von Schaufelbaggern, die diese Erde so viele Male umgegraben hatten. Ich wusste, dass sich hier Spuren davon verbargen, in der Erdfarbe, in der Beschaffenheit des Bodens, in seinem nunmehr verwandelten Relief. Ich beobachtete das Hüpfen der Flöhe auf dem Wasser, die Flugbahn eines welken Blatts im Wind, und dachte, dass die Wunden der Natur weitaus schneller heilten als die der Menschen.

Mirela hat sich dem Wasser nicht genähert. Sie blieb weiter hinten auf einem Erdhügel stehen, so wie ich es vor zwei Jahren getan hatte, als ich eine Woche hier war, und betrachtete stumm die Landschaft, die Hände in den Hosentaschen. Ihre lange schmale Gestalt hob sich vom immer düsterer werdenden Himmel ab, an dem die Wolken dahinjagten.

Der Zug fährt bei Einbruch der Nacht weiter, der Regen hört nicht auf. Auf einmal wäre ich gern schon zu Hause, hätte Kamera, Stativ und Mikros bereits zurückgegeben und wäre daheim bei meinen Lieben. Ich schließe die Augen und sehe den Verlauf des Films, der gerade im Entstehen begriffen ist, es ist eine Geschichte von zwei starken Frauen, die mit den Händen arbeiten, die Tote und Lebende zum Sprechen bringen, die sich Zigaretten anstecken, sehr viele Zigaretten. Ich sehe das Schilfrohr, die Wasserflöhe, die Tierspuren im schlammigen Boden, eine Geschichte über das, was uns bleibt, wenn der Krieg davonzieht, ohne wirklich zu enden.

Als ich ein halbes Jahr später eine Förderung erhalte, um mein Drehbuch zu entwickeln, erfahre ich, dass Senem gerade vom IKRK eingestellt wurde, dem Internationalen Komitee vom Roten Kreuz. Sie schreibt mir aus Kabul, sie wurde für zwei Jahre nach Afghanistan entsandt. Ein paar Tage danach unterhalten wir uns über Skype. »Ich glaube, ich musste erst hierherkommen, Taina, um zu begreifen, wie sehr meine Arbeit in Bosnien mit meiner Person verknüpft war, mit meiner eigenen Geschichte«, sagt Senem. »Damals war es mir unmöglich, das zu erkennen. Und hier muss ich noch einiges lernen, was die Sache in gewisser Hinsicht so viel einfacher macht.«

2016

12

DER VERSCHWUNDENE
SOLDAT

Mit quietschenden Reifen bremst das Auto vor dem Sattelschlepper, der hinter einer Kurve hervorkommt und auf einmal die schmale Straße zwischen der Felswand zu unserer
Linken und der Una, die rechts unter uns fließt, komplett aus-
füllt. Meine Kamera wäre fast gegen das Armaturenbrett ge-
knallt, aber Darija bewahrt stoische Ruhe. »Ich hatte es dir ja
gesagt, diese Straße ist nicht ganz ungefährlich«, bemerkt sie
und fährt ein paar Meter rückwärts, um dem Lastwagen mehr
Manövrierraum zu geben. »Im Winter meide ich diese Strecke. Bei Glatteis und Schnee ... Kannst du dir ja denken.« Ich
bin froh, dass es erst November ist und bisher nur auf den Gip-
feln Schnee liegt.

Darija hat eine andere Frisur als bei meinem letzten Aufent-
halt vor gut einem Jahr. Sie trägt das blonde Haar nicht mehr
hochgesteckt, sondern als schulterlangen Pferdeschwanz, mit
ihrer Sonnenbrille als Reifen, die sie immer noch ständig zu-
rückschiebt. Das steht ihr gut. Ich filme ihr Profil, während der
Sattelschlepper sein Manöver beendet, einer schwerfälligen dicken Raupe gleich, und mit einem Hupen als Dankeschön an
uns vorbeifährt. Darija antwortet mit einem Handzeichen.

Sie wirkt bedrückt. Als ich sie heute Morgen in ihrem Büro
aufsuchte, war ich von der Stille überrascht, die auf der Etage
herrschte. »Das Untersuchungslabor wurde doch geschlossen«, rief sie mir in Erinnerung. Stimmt, das hatte sie in einer

Nachricht erwähnt, aber ich hatte nicht mit dieser gespenstischen Atmosphäre gerechnet, dort, wo letzten Sommer die Schritte ihrer Kollegen im Flur zu hören gewesen waren, das Gelächter im Pausenraum, das Dröhnen der Geräte, die die Knochenproben mahlten. »Ja, schon traurig«, sagte sie, als sie in der kleinen Küche für uns Kaffee kochte. Selbst die Heizung wurde abgestellt. »Ich musste einen Radiator herbringen, um nicht zu erfrieren.« Sie ist besorgt, weil sie nicht weiß, was als Nächstes kommt. Ihr Arbeitgeber hat mögliche weitere Entlassungen angekündigt. Das Budget der ICMP hängt wesentlich von den Fördermitteln der beteiligten Staaten ab. Diese entscheiden selbst, welche Projekte sie finanzieren wollen, und im Jahr 2016 haben die Vermissten vom Balkan nicht unbedingt Priorität, im Gegensatz zu jenen im Irak oder in Syrien.

»Hast du in letzter Zeit von Senem gehört?«, frage ich Darija, die ihre Sonnenbrille wieder runterschiebt, als wir hinter der Kurve vom gleißenden Licht geblendet werden.

»Ja, wir telefonieren ab und zu über Messenger. Es scheint ihr gut zu gehen. Sie hatte es hier ja so satt ...«

»Was ist mit dir? Hast du es auch satt?«

»Manchmal. Aber nicht genug, um das Land zu verlassen.« Sie lächelt.

»In Visoko fehlt sie ihrem Team sehr.«

»Ja, sie fehlt uns allen. Hoffentlich kommt sie in den nächsten Sommerferien her, dann könnten wir wieder zu unserer kroatischen Insel, wie bisher.«

»Sie hat mir von dieser Insel erzählt. Sie liebt es dort. Und du wohl auch.«

»Ja. Der Ort ist etwas versteckt, mitten in der Natur, nur von Meer umgeben, menschenleer. Je mehr Jahre ins Land gehen, desto mehr liebe ich die Ruhe der Natur.«

Das Auto folgt der engen Straße, die am Grund der Schlucht mäandert. Ich denke an das Gesicht von Senem vor zwei Tagen in der Leichenhalle von Visoko. Sie lächelte auf einem im DIN-A4-Format ausgedruckten Foto, das an der blassgrünen Kachelwand des Untersuchungsraums hing, neben den gelben Post-its mit den legendären Witzen, die man sich im Team N. N. zu erzählen pflegte. Senem war der Boss gewesen. Gleich neben ihrem Gesicht hatte jemand ein rotes Herzchen aus Papier angebracht.

Mir fehlt sie auch. Ich habe das Gefühl, dass sie eine Lücke hinterlassen hat, in dieser Geschichte, die ich gerade verfilme, und noch weiß ich nicht, ob jemand anderer sie schließen wird. Dieses Team N. N., von dem Senem mir erzählt hatte, lernte ich ohne sie kennen. Ich habe die acht Leute, aus denen es besteht, bei der Arbeit gefilmt: wie sie einem Leichensack Knochen entnehmen und sie in der richtigen Reihenfolge auf einem Untersuchungstisch anordnen, immer die gleichen Gesten, je nach Berufserfahrung mehr oder weniger effizient. Die Gesten von Salih sind schnell und präzise, er ist schon seit fünfzehn Jahren dabei. Seine Teamkollegen nennen ihn den *bone wizard* – den Knochenzauberer.

Es gibt aber auch die noch etwas zögerlichen Gesten von Amina-Victoria, einer Praktikantin Anfang zwanzig, aus England angereist, wo sie als Tochter von Überlebenden der ethnischen Säuberung geboren wurde. Sie hat sich für ein Studium der Forensischen Anthropologie entschieden, als wollte sie zur Reparatur dieses Landes beitragen, dem sie angehört, selbst wenn sie nicht hier aufgewachsen ist. »Ich bin mir allerdings nicht sicher, ob ich nach meinem Abschluss hier arbeiten werde«, vertraute sie mir an. Wobei sie diesen Standort gewählt hat, um zu lernen, wie man einen wirren Knochenhaufen fein säuberlich sortiert. Ich habe das ganze Team durch das

Objektiv meiner Kamera beobachtet, ein paar Gesichter wiedererkannt, die mir drei Jahre zuvor am Massengrab von Tomašica begegnet waren, die Gesichter von Menschen, die voller Konzentration arbeiten, in der Mittagspause gern Scherze machen und freundlich miteinander umgehen. Sie kommen mir vor wie eine Familie, in der jeder seinen Platz hat. Mittendrin der von Senem, nunmehr verwaist.

Um das Dorf Ostrožac zu erreichen, muss man rechts abbiegen, den Fluss überqueren und den Felsen gegenüber hinauffahren, auf einer Straße voller Haarnadelkurven, die sich über fünf Kilometer erstrecken. Die Schlucht rückt ferner, hin und wieder erspähe ich sie hinter den Bäumen. Ich bin von dieser Landschaft beeindruckt. Da ich selbst nicht in den Bergen groß geworden bin, lösen diese schroffen, zackigen Linien bei mir immer eine gewisse Beklemmung aus. Darija hält vor der Bäckerei, um nach dem Weg zu fragen. »Genau, am Ende der Straße, noch ein Stückchen weiter weg.«

Husnija macht uns die Tür auf, ein alter Herr mit Glatze, Karohemd und braunem Pullover, an den Füßen trägt er Wollstrümpfe. Im Wohnzimmer sitzt seine Frau auf einem der beiden Sofas, mit Kopftuch, Gehstock in Reichweite und einer Wolldecke auf den Knien. Sie bittet um Entschuldigung, weil sie nicht aufstehen kann, um uns zu begrüßen, ihre Gelenke schmerzen, mit ihren achtzig Jahren fällt ihr das Gehen schwer. Ihr Ton ist leicht jammernd. Sie erinnert mich an meine Großmutter, eine finnische Bäuerin, klein und rundlich, die auch immer ein Kopftuch trug und selbstgestrickte Strümpfe. Hier wie dort zieht man beim Betreten eines Hauses seine Schuhe aus. Danach wird dir hier wie dort als Erstes ein Kaffee und ein Häppchen angeboten. Hier und heute gibt es Schokoladencremetorte.

»Das ist mein Sohn, er ist gekommen, um uns beim Servieren zu helfen.« Ein großer, schlanker Mann Anfang fünfzig, fast so kahl wie sein Vater, lächelt uns zu und zieht sich in die Küche zurück, die in einer Ecke des Wohnzimmers untergebracht ist: Er kocht Wasser auf, löffelt Kaffee in die traditionelle türkische Emailkanne, hier ist sie rot mit weißen Tüpfeln.

»Trinken wir erst mal Kaffee, dann machen wir uns an die Arbeit«, schlägt Husnija vor.

»Gerne. Und während wir auf den Kaffee warten, erkläre ich Ihnen die Ausgangslage. Wir haben zwar schon am Telefon darüber gesprochen, aber ich will es näher erläutern.«

Darija will das Heft auf keinen Fall aus der Hand geben. Schließlich muss sie das Gespräch führen, und sie weiß auch genau, warum sie hier ist.

»Haben Sie schon die Kleine in Bihać besucht?«, fragt Husnija.

»Ja, ich habe mich mit Semira getroffen. Aus mir unbekannten Gründen wurde das Verschwinden ihres Bruders Samir nicht in unseren Datenbanken registriert. Da er als Soldat der bosnischen Armee vermisst wurde, hätte man uns diese Information eigentlich automatisch übermitteln müssen. Das wurde jedoch versäumt, und dieses Versäumnis trat zutage, als die Ermittler von der Vermisstenkommission unsere Listen mit den Listen der Armee abgeglichen und dabei den Namen Ihres Neffen gefunden haben. Deswegen haben wir Semira kontaktiert, die ich dann in Bihać getroffen habe. Sie hat mir Fragen zu ihrem Bruder beantwortet und eine Blutprobe abgegeben. Um jemanden anhand der DNA zu identifizieren, benötigen wir aber mehrere Angehörige.«

»Die Kleine hat niemanden mehr. Weder Bruder noch Schwester. Sie hat nur noch ihren Onkel.«

»Eben. Semira hat nur noch Sie. Darum habe ich zu Ihnen

Kontakt aufgenommen. Da Sie der Onkel von Samir und Semira sind, kann Ihr Blut zur Identifizierung beitragen.«

»Wenn es nicht schon zu spät ist ...«

»Es ist nie zu spät. Es kann sehr gut sein, dass Samir bereits gefunden wurde und als Namensloser in einer Leichenhalle liegt. Das sind die Fälle, die wir als N. N. bezeichnen. Außerdem finden wir jedes Jahr neue Massengräber. Samir ist doch in der Gegend von Grabež verschwunden, nicht wahr?«

»Ja. Er hatte gerade Ausgang, mit zwei anderen Soldaten, als sie in einen Hinterhalt der serbischen Armee geraten sind. Danach haben wir nur noch verschiedene Gerüchte gehört. Angeblich wurden sie gehängt oder erschossen oder in die Una geworfen. Wenn Letzteres stimmt, wird man sie niemals wiederfinden.«

»Das kann man nicht ausschließen. Wir haben schon einige Tote geborgen, die man ins Wasser geworfen hat.«

»Mögen wir so etwas nie wieder erleben ...«

»Ja. Das hoffen wir alle. Und wir müssen alles daransetzen, den Opfern einen Namen zu geben und sie anständig zu bestatten, damit sie endlich Frieden finden. Könnten Sie mir vielleicht etwas zur Familie von Samirs Vater Sulejman sagen? Meine Nachforschungen haben bisher nichts ergeben.«

»Sie stammen aus Pećigrad. Aber sie sind alle verstorben.«

»Dann versuchen wir es mit Ihrer Blutprobe und der von Semira.«

»Und was ist mit den Kindern von Semira?«

»Das ist dann wieder eine Seitenlinie. Da halten wir uns besser gleich an Samirs Schwester.«

Husnija wirkt skeptisch. Sein Neffe ist schon so lange verschollen, dass es ihm schwerfällt, sich vorzustellen, er könne jetzt noch gefunden werden.

»Ich habe ja meinen Cousin begleitet, als er seinen Sohn in der Leichenhalle von Bihać identifizieren sollte«, erzählt er. »Es war schier unmöglich. Wir sind mehrmals an seinem Leichnam vorbeigegangen, ohne ihn zu erkennen. Er war vollkommen entstellt, Ohren und Nase abgeschnitten. Das war im Sommer, alles voller Fliegen, richtige Fliegenschwärme, wie man es von Bienen kennt. Der Sohn war ebenfalls in einen Hinterhalt geraten. Man hatte ihn zur Frontlinie geschickt, er sollte den frierenden Truppen Decken und Nahrung bringen, in diesem Winter hatte es ja so viel Schnee gegeben. Sie haben ihn unterwegs abgepasst, dann haben sie ihn getötet und sein Gesicht verstümmelt.«

»Moment, war das jetzt im Winter oder im Sommer?«, wirft Darija ein.

»Er wurde im Winter getötet, aber im Sommer übergeben, bei einem Austausch von Soldatenleichen.«

»Verstehe. Unter diesen Umständen ist es tatsächlich sehr schwer, die Toten zu erkennen, nachdem sie monatelang in der Erde lagen. Uns ist aufgefallen, dass damals viele Fehler passiert sind. Manche Familien haben sich bei der Identifizierung geirrt.«

»Meine Schwester und Semira waren ebenfalls in der Leichenhalle von Bihać. Semira war damals zwar noch ein Kind, aber groß genug, um ihren Bruder zu identifizieren. Sie haben ihn nicht gefunden. Vielleicht liegt er auf dem Friedhof, in einem dieser anonymen Gräber mit dem Vermerk N. N. Wer weiß?«

»Was den Friedhof von Bihać angeht: Dort wurden alle namenlosen Toten ausgegraben und in die Leichenhallen von Šejkovača oder Banja Luka überführt, um ihre DNA zu entnehmen. Das heißt, wenn man Samirs Leiche gefunden hat, ist seine DNA in unserer Datenbank gespeichert, und wir können ihn identifizieren.«

Darija atmet tief durch, erklärt jede Einzelheit, wie sie es schon unzählige Male getan hat, so überzeugend wie beruhigend. Sie blickt Husnija in die Augen, bringt ihn auf diese Weise dazu, ihr wirklich zuzuhören, wendet sich ab und zu an seine Frau, um sie in das Gespräch einzubeziehen.

»Das ist alles schwer zu ertragen ...«, murmelt der alte Mann. »Aber was sollen wir machen? Es ist nun mal so, wie es ist.«

»Das Schlimmste ist vor zwanzig Jahren passiert. Jetzt versuchen wir, Licht ins Dunkel zu bringen und offene Fragen zu beantworten.«

Husnija nickt, aber er scheint nicht so recht an die Antworten zu glauben. Sein Sohn ist aufgestanden, um den Kaffee vom Gasherd zu nehmen, diesen auszumachen und die Tassen aufs Tablett zu stellen, »die aus dem rechten Schrank, oben, dort, wo auch der Zucker steht«, weist ihn seine Mutter an. Und dann wendet sie sich unvermittelt an Darija: »Mein Sohn musste ein ganzes Jahr lang Orthesen tragen. Ein Heckenschütze hat ihn am Bein getroffen. Die Kugel ist durch Muskel und Knochen hindurchgegangen und auf der anderen Seite wieder ausgetreten.«

»Nein, Mama, sie wurde bei der Operation entfernt«, berichtigt der Sohn. Die Sache ist ihm sichtlich etwas unangenehm, er möchte nicht, dass seine Mutter von seinen gesundheitlichen Beschwerden erzählt. Aber sie fährt fort: »Genau, die Operation. Das Schlimmste war ja, dass dieser Schuss den Knochen zertrümmert hat, die mussten dann ein Stück absägen. Jetzt ist das eine Bein drei Zentimeter kürzer als das andere.«

»Mein Bein hing nur noch an Fleisch und Haut«, stellt der Sohn klar und erobert sich seine Geschichte zurück. »Aber es hat sich allmählich erholt, ich kann jetzt fast normal gehen.«

»Eigentlich müsste er immer Einlagen tragen«, mischt sich sein Vater ins Gespräch ein.

Darija blickt von einem zum anderen. Es ist nicht gerade einfach, zum eigentlichen Thema zurückzukehren, ohne in den Augen von Eltern und Sohn, die gerade um die Erzählhoheit ringen, unhöflich zu erscheinen. Sie hört aufmerksam zu, bereit, das Gespräch jederzeit wieder auf das Anliegen zu lenken, das sie in dieses Wohnzimmer geführt hat.

»Sie haben uns die Invalidenrente gestrichen«, fährt der Sohn fort.

»Ach ja? Im Ernst?«

»Er bekommt keinen Cent mehr«, setzt der Vater nach. »Und mein anderer Sohn auch nicht.«

»Seit zwei Jahren lege ich dagegen Widerspruch ein«, sagt der Sohn. »Aber es tut sich nichts. Diese medizinische Kommission, die unsere Rentenbescheinigungen ausstellt, ist ein Witz. Der Arzt fertigt dich binnen zwei Minuten ab. Wenn du ihm Geld zusteckst, stellt er dir die gewünschte Bescheinigung aus. Wenn du ihm keins gibst, bekommst du nichts.«

»Gauner gibt es wirklich überall«, räumt Darija ein.

»Dieses Land ist voller Betrüger!«, ruft der Vater.

»Nein, dieses Land wird nur von Betrügern regiert«, berichtigt der Sohn.

Die Diskussion wird plötzlich hitziger, Vater und Sohn fallen sich gegenseitig ins Wort, »Ja wirklich, die Mächtigen sind die Betrüger« – »Wenn Frieden herrscht, regieren sie doch mit Umsicht« – »Aber nein, sie stehlen, sie lügen ohne jede Scham, während die ehrlichen Bürger sich abrackern müssen, und sie sind alle gleich, Izetbegović, Čović, Dodik, die ganze ehrlose Bande.« Der Sohn redet sich immer mehr in Rage. »Gestern Abend hat sich wieder so einer im Fernsehen mit den Veteranen gebrüstet, was für ein Schwachkopf.«

Der Vater wirft mir einen Seitenblick zu und fragt Darija: »Für welchen Sender arbeitet sie überhaupt?« Er hat Angst, dass die Diskussion vor meiner laufenden Kamera zu weit gehen könnte.

»Für keinen, sie ist freischaffend«, erklärt Darija und ergreift die Gelegenheit, um die Diskussion wieder in geordnete Bahnen zu lenken. »Wie ich Ihnen schon am Telefon sagte, dreht sie einen Dokumentarfilm über die Menschen, die uns nahestehen und während des Kriegs verschwunden sind, über die Unmengen von Knochen, die noch unerkannt in den Leichenhallen liegen. Sie hat mich schon letztes Jahr bei meiner Arbeit begleitet.«

Wieder nickt der Vater. Darija betont: »Die Welt muss davon erfahren. Seit sechzehn Jahren mache ich diese Arbeit, und bisher hat sich kein einziger Journalist eingefunden, um davon zu berichten, was die Familien durchmachen.«

Da ständig auf meine Kamera gezeigt wird und ich ein paar wenige Wörter Serbokroatisch verstehe, ist mir klar, dass sie über meinen Film reden, mehr aber auch nicht. Dafür nehme ich Darijas Gesicht wahr, als sie sich den anderen der Reihe nach zuwendet, nehme die müden Augen der Mutter hinter ihrer Brille wahr, die abgespannten Züge des Sohnes, den kahlen Schädel des Vaters. Ich höre Sätze, die einander ergänzen, die sich gegenseitig abschneiden, so groß ist der Redebedarf in dieser Familie, als hätte sie schon lange auf diesen Besuch gewartet, um auf einen Schlag alles loszuwerden, alles, was ihnen widerfahren ist, all die Bitterkeit, die sich im Lauf der Jahre angesammelt hat.

»In welcher Region sind Sie tätig?«, fragt der Sohn.

»Mein Gebiet ist sehr weit gefasst, dazu gehört die gesamte Bosanska Krajina und ein Teil der Herzegowina. Ich bin jeden Tag unterwegs, heute hier und morgen da ...«

»Sehen Sie den Wald dort oben?«, fällt der Sohn ihr ins Wort. »Da war die Frontlinie. Von dort aus haben sie uns mit Kanonen und Granatwerfern beschossen, sie hatten freie Sicht auf die ganze Stadt. Dort bezogen auch die Heckenschützen Stellung.«

»Wir mussten alles bei Nacht erledigen«, fügt der Vater hinzu. »Die Felder mähen, das Heu ernten ... Tagsüber war es zu gefährlich. Einmal ist eine Kugel an meinem Ohr vorbeigeschossen. Sie hatten von dort oben auf mich gezielt. Und jetzt behauptet dieser Dodik, das hätte alles nicht stattgefunden, und leugnet den Genozid von Srebrenica.«

»Das Volk ist schuld«, sagt der Sohn.

»Das Volk kann doch nichts dafür«, entgegnet der Vater, merklich gereizt. »Was soll es dagegen ausrichten?«

»In zwei Jahren sind Wahlen, Papa.«

Bei dieser Diskussion kann Darija die Zügel unmöglich wieder in die Hand nehmen. Zum Glück gilt es jetzt, Kaffee einzuschenken und Cremetorte zu essen. Ich setze mich neben Darija und lächle die alte Dame an, die mich an meine Großmutter erinnert. Auch sie erzählte manchmal vom Krieg, jenem Krieg, den Finnland gemeinsam mit Deutschland gegen Russland geführt hatte. Im Geschichtsunterricht der Oberstufe wurde er uns als patriotischer Verteidigungskrieg vermittelt, und die Veteranen wurden als Helden der Unabhängigkeit gefeiert. Über die finnischen Soldaten, die sich von den Nazis hatten ausbilden lassen, erfuhren wir nichts, und auch nichts über die Juden, die nach Finnland geflohen und dort denunziert und deportiert worden waren. Seit diesem Krieg hegte meine Großmutter einen abgrundtiefen Hass gegen die Russen, die sie immer nur mit einem finnischen Schimpfwort als *ryssä* bezeichnete, statt *venäläinen* zu sagen – so wie hier manche *tchetnik* sagen und nicht »Serbe«.

Damals hatte meine Großmutter ihren späteren Mann kennengelernt, einen jungen Soldaten. Sie erzählte mir nur ein einziges Mal von diesem Großvater, den ich nicht mehr erleben sollte, nämlich dass der Krieg ihn zum Paranoiker hatte werden lassen, der ständig in sämtlichen Schränken nach den Liebhabern seiner Frau suchte. Vielleicht hatte sie mir noch mehr erzählt, aber dieses Bild war mir geblieben: mein Opa, der im ganzen Haus Schränke aufriss, um einen imaginären Liebhaber aufzuspüren.

Wieder lächle ich die Dame mit dem Kopftuch an, den Mund voller Cremetorte. Meine Großmutter hatte auch diese Art von Verbitterung an sich, die ich mir nicht erklären konnte, vielleicht bedingt durch die Verletzungen, die das Leben ihr zugefügt hatte und die nicht mehr heilten, durch die Ungerechtigkeit, die sie widerspruchslos erduldete.

»Möchtest du Milch, Mama?«

»Ja, aber nicht so viel.«

»Nehmen Sie einfach so viel Zucker, wie Sie mögen«, sagt der Sohn zu Darija.

»Danke, ich nehme gern ein bisschen, nur damit mein Leben nicht bitter wird.«

Diese Redewendung werde ich erst in einigen Wochen entdecken, wenn ich Zorans Übersetzung lese. Und mich dann fragen, ob Darija sie in diesem Moment mit Bedacht gewählt hat.

»Sie leisten tolle Arbeit«, sagt der Sohn. »Toll, aber auch traurig.«

»Die Hintergründe sind grausam, das stimmt. Aber ich freue mich jedes Mal, wenn ich den Hinterbliebenen Antwort geben kann. Bei jeder Identifizierung habe ich das Gefühl, mein Bestes gegeben zu haben, damit die Familien endlich die Wahrheit erfahren, wie es ihnen zusteht.«

»Inzwischen ist es schwierig, Vermisste zu finden«, wendet Husnija ein. »Nach so langer Zeit ist doch alles aus und vorbei.«

Er wirkt immer noch so skeptisch, als würden Darijas Worte nicht ihn betreffen, als wäre diese Angelegenheit längst erledigt, als würden diese ganzen Recherchen die Ungewissheit nicht lindern, sondern im Gegenteil wieder wachrufen, nachdem er sie bereits überwunden hatte.

»Alles ist möglich«, wiederholt Darija. »Sie haben doch mitbekommen, was sich vor drei Jahren in der Nähe von Prijedor getan hat? Im Massengrab von Tomašica wurden Hunderte von Toten gefunden, nachdem sie mehr als zwanzig Jahre lang verscharrt gewesen waren ...«

»Ich habe früher in Tomašica gearbeitet«, unterbricht sie der Vater. »Als Lastwagenfahrer, ich transportierte das Erz zu den Hochöfen in acht Kilometer Entfernung. Im Fernsehen habe ich die Stätte wiedererkannt. Zu meiner Zeit war das eine große Grube, in der das Erz abgebaut wurde. Und wir steuerten unsere Lastwagen über den Rand bis zum Grubengrund. Und dort haben sie später die Leute hineingeworfen.«

»Genau. Sie haben die Toten mit einem Laster transportiert und in die Grube gekippt. Ich habe mir vor Ort ein Bild gemacht. Die ausgegrabenen Leichen waren wegen des Lehmanteils im Boden sehr gut erhalten.«

Ich trinke meinen Kaffee, ohne Milch und Zucker, und begreife, dass die anderen über Tomašica reden. Und denke, dass ich die Bilder von dort niemals vergessen werde, dass ich sie jetzt in mir trage, für immer mit diesem Land verbunden. Ich stelle mich wieder hinter die Kamera, betrachte diese ganz alltägliche Szene – betagte Eltern und ihr Sohn mittleren Alters, die einen Gast mit Kaffee und Cremetorte bewirten. Die Diskussion geht munter weiter, als anhaltendes Hintergrundgeräusch, das mir nichts sagt. Hier und da schnappe ich ein Wort auf, offenbar erzählt Darija wieder, dass sie aus Banja Luka stammt, dass ihre Mutter Kroatin ist und ihr Vater Serbe, es geht um Politik, die Parteien, das Fernsehen, die Armee, Jugoslawien, das Volk, Politik, immer wieder die Politik. Als wollten sie alle drei den Moment hinauszögern, in dem sie Darija endlich das geben, wofür sie hergekommen ist. Als hätten sie Angst davor.

»So, Husnija, jetzt werden wir die Bögen gemeinsam ausfüllen, wie ich es schon mit Semira gemacht habe.«

Wir sind schon seit einer Stunde hier.

»Aber Sie haben ja gar nichts gegessen.«

»Kaffee genügt mir, danke, ich kann jetzt keine Torte essen. Ich überlasse mein Stück gern jemand anderem, ich habe es nicht angerührt.

»Wie wäre es dann mit einer Banane?«

»Gern, aber später, für unterwegs. Wenn ich Sie richtig verstanden habe, Husnija, lautet der Vorname von Samirs Vater also Sulejman? Und der seiner Mutter, das heißt Ihrer Schwester, Haseda?«

Es beginnt die Litanei der Fragen. Während Darija mit Husnija den Erfassungsbogen durchgeht, blickt seine Frau immer besorgter drein und knetet ihre Hände.

»Wer da?«, sagt sie, als sie von draußen plötzlich ein Geräusch hört.

»Da ist niemand, Mama.«

Sie findet keine Ruhe, stemmt sich mühsam an ihrem Gehstock hoch, wedelt mit der Hand vor ihrem Gesicht.

»Diese Fliegen, was haben diese Fliegen hier verloren?«

Sie bewegt sich auf das Fenster zu, jeder einzelne Schritt ist für sie mühsam und schmerzhaft.

»Lass das, Mama, wir kümmern uns später darum.«

»Nein, ich will die Fliege verscheuchen.«

Sie erreicht schließlich das Fenster, reißt es weit auf und lässt frische Luft herein, verscheucht die Fliege, die nur sie allein sehen kann. Ich höre die Fragen, die Darija der Reihe nach stellt, Kleidung, Datum des Verschwindens, weitere Angehörige. Als ich später die Übersetzung des Rohmaterials lese, stoße ich auf diesen Satz der alten Dame: »Einer Mutter fällt es schwer, ihre Kinder in den Krieg ziehen zu lassen. Ich habe zwei Söhne, und sie mussten beide hin.«

»Ich wollte dir etwas zeigen«, sagt Darija, als wir zwei Stunden später wieder im Auto sitzen. »Einen Ort, den ich sehr liebe. Ich habe mich darauf gefreut, mit dir herzukommen und ihn dir zeigen zu können.«

»Was für ein Ort?«

»Überbleibsel aus uralten Zeiten. Lass dich überraschen.«

Wir schlängeln uns weiter die Straße hoch, biegen ab, steuern den Felsen an. Am Ende des Kieswegs ragt ein Schloss auf. Wie aus einem Kindermärchen sieht es aus, mit seinen Türmchen und dem Fenster über dem Eingangsbogen, hier dürften sich sowohl Prinzessinnen als auch Vampire zu Hause fühlen. »Komm«, ruft Darija. Ich folge ihr hinein, von den Wänden tropft Wasser und rinnt über den Steinboden, in einem Saal ist die Decke eingestürzt. In den Gängen blättert die Farbe ab, ich betrete halb verfallene Räume, an die Wände sind Namen gekritzelt, kleine und große Herzen, eins ist mit einem Datum versehen, »4.10.09«, in einem anderen steht in roter Farbe »Dijana + Alen«. Ich gehe hinter Darija her, an diesem der Zeit vollkommen entrückten Ort, und sie erklärt mir, dass die ältesten Teile des Schlosses aus dem Mittelalter stammen, dass es die Osmanen erlebt hat, später die Kakanier und schließlich die Epoche Jugoslawiens. Die gesamte Landesgeschichte konzentriert sich in diesen Gemäuern, die Dijana, Alen und etliche andere in jüngerer Zeit für sich entdeckt haben. Hier steckt alles drin.

»Ich kann verstehen, warum du diesen Ort liebst«, sage ich.

Darija lächelt, schleift mich ins Freie, an den Rand des Felsens, der einen grandiosen Ausblick auf die Schlucht bietet, auf die tannenbewachsenen Hänge, auf den türkisblauen Fluss, der in der Tiefe fließt, auf den Schnee, der das hoch gelegene Plateau gegenüber bedeckt, auf das Gebirge in der Ferne. Darija geht bis zur Umfassungsmauer vor.

»Komm, von hier aus ist der Blick noch schöner.«

Ich traue mich nicht, ihr meine Höhenangst zu gestehen. Wortlos nehme ich das Stativ mit der angeschraubten Kamera und steige ihr mit zitternden Knien hinterher. Darija stellt sich vor mir hin, unter ihr klafft die Schlucht, und sie strahlt. Ich richte die Kamera auf sie, mit dieser Landschaft im Hintergrund, die noch viel älter ist als das Schloss, eine Landschaft aus vormenschlicher Zeit.

13

IZAS SOHN

Am nächsten Morgen fahren wir ins Landesinnere, in die Gebirgsregion zwischen Banja Luka und Sarajevo.

»Ob du hier halten könntest? Ich möchte ein paar Aufnahmen machen.«

Darija bremst und überlegt kurz.

»Willst du etwa das verschneite Tal filmen? Wir brauchen nur ein Stück weiter hochzufahren, und schon hast du eine freiere Aussicht.«

»Einverstanden.« Sie fährt wieder los. Sonst habe ich es nicht so gern, wenn andere für mich entscheiden, aber ich verlasse mich zunehmend auf Darijas Blick. Sie beobachtet mich mindestens genauso intensiv wie ich sie durch das Auge meiner Kamera. Manchmal fragt sie mich, wie ich den Film gestalten will. Ich komme auf die Gesichter der Menschen zu sprechen, denen wir begegnen, auf die herrlichen Landschaften, in denen sich die schlimmsten Gräuel abgespielt haben. Wenn ich mit ihr über den Film rede, ist es so, als würden wir gemeinsam auf die Geschichte blicken, die ich gerade entwerfe und in der sie allmählich zur Hauptfigur wird.

»Passt es dir hier?« Wir sind auf einem hoch gelegenen Plateau angekommen, und vor uns erstreckt sich ein kleines Tal. Der Schnee hat alles in Weiß gehüllt, einzig die von Autos und Lastern viel befahrene Bergstraße bleibt davon frei. Ich hole Stativ und Kamera aus dem Auto, sie nutzt die Gelegenheit, um sich eine Zigarette zu drehen, während sie am Straßenrand neben dem geparkten Auto steht. Ich nehme den Horizont und die verschneiten Flächen ins Visier und richte die Kamera schließlich auf Darija, eine blonde Gestalt, die sich mit ihrer langen roten Daunenjacke vom gleißend hellen Umfeld abhebt, dazu die Zigarette, die Sonnenbrille. Genau das Bild, das ich von ihr habe: Allein und entschlossen bahnt sie sich ihren Weg durch die Wildnis, immer auf ihr nächstes Ziel zu, und genehmigt sich zwischendurch eine Zigarettenpause. Jetzt drückt sie ihre Kippe aus, dreht sich zu mir, und als sie merkt, dass ich das Objektiv auf sie richte, lächelt sie, holt ihr Telefon raus und fotografiert mich. »I got you, habe ich dich erwischt!«

Iza hat uns schon erwartet. Kaum haben wir in ihrem Wohnzimmer Platz genommen, fragt die Sechzigjährige rundheraus: »Wie kommt's, dass Sie sich ausgerechnet jetzt für meine DNA interessieren?« Darija, die ihr auf dem Sofa gegenübersitzt, atmet erst mal tief ein. Sie legt die rote Mappe auf den Beistelltisch, beugt sich leicht zu Iza vor und blickt ihr direkt in die Augen. Diese Haltung ist mir inzwischen vertraut, sie besagt: »Auf geht's.«

»Sie haben vor ein paar Jahren eine Blutprobe abgegeben, damit Ihr Vater identifiziert werden kann, richtig?«

»Ja, das stimmt, und mein Bruder Rufad hat sich ebenfalls Blut abnehmen lassen.«

Rufad ist gerade nach Hause gekommen und sitzt am anderen Ende des Wohnzimmers. Die Schuhe hat er ausgezogen, die Jacke jedoch nicht, als wollte er nicht lange bleiben. Er sieht deutlich jünger aus als Iza mit ihrem zerfurchten Gesicht, aber er hat das gleiche Lächeln wie seine Schwester, ein Lächeln, das die Augen schlagartig zum Leuchten bringt.

»Ich erkläre Ihnen jetzt den Ablauf«, sagt Darija. »Sämtliche

Blutproben, die bei uns eingehen, werden automatisch mit sämtlichen Knochenproben verglichen, die wir bereits in unseren Datenbanken gespeichert haben. Nun hat sich herausgestellt, dass Ihre Blutprobe mit einer solchen Knochenprobe übereinstimmt. Wir wissen aber, dass es sich nicht um die Ihres Vaters handeln kann. Darum haben wir überprüft, ob es in Ihrer Familie noch andere Vermisste gibt, oder ob ein Vermisster auf herkömmliche Weise identifiziert wurde, das heißt, ohne Untersuchung der DNA. Bei diesem Verfahren kann es zu Verwechslungen kommen.«

Darija holt Luft. Izas Miene ist versteinert.

»In letzter Zeit stoßen wir häufiger auf solche Fehlidentifizierungen. Sie haben ein solches Verfahren durchlaufen, Sie wissen, wie bedrückend es ist. Ich weiß nicht, unter welchen Umständen Sie Ihren Sohn Ismet wiedererkannt haben, ob anhand der Kleidung oder von Ausweisdokumenten ...«

»Vielleicht haben sie nicht den richtigen Toten in seinen Sarg gelegt«, fällt Iza ihr ins Wort, als hätte sie blitzschnell nach einer Erklärung gesucht. »Vielleicht ist die Verwechslung an dieser Stelle erfolgt.«

»Er wurde doch 1997 im Massengrab von Lanište exhumiert?«

»Ja, genau. Davon habe ich noch Fotos. Gibst du sie mir mal, Rufad? Diesen Umschlag auf dem Tisch dort drüben.«

Sie weist mit dem Kopf in Richtung Diele. Rufad holt den Umschlag und reicht ihn Darija, die gleich die Fotos hervorholt. Ein Stapel Farbabzüge im Postkartenformat, wie früher üblich, als es noch keine Digitalkameras gab, als man die Fotos in Alben sammelte, schön sortiert, angeordnet und festgeklebt.

»Das ist also das Massengrab, in dem Ihr Sohn gefunden wurde?«, fragt Darija.

»Ja.«

»Haben Sie die Identifizierung vorgenommen?«

»Nicht ich ... mein Mann.«

»Haben Sie anschließend Gegenstände auf diesen Fotos erkannt, zum Beispiel ein Kleidungsstück?«

»Mein Mann sagte, er habe alles erkannt, den Gürtel, das T-Shirt, die Finger und die Nägel unseres Sohns und auch seine Zähne. Die hatte er sich in Österreich richten lassen.«

Darija geht den Stapel durch, sortiert die Fotos von oben nach unten: reihenweise Tote, in einer Turnhalle mit grüner Bodenmatte und Basketballkörben an den Wänden. Von den Überresten, die zu Ismet gehören sollen, gibt es eine Nahaufnahme. Das Gesicht ist fast völlig zerstört, es besteht nur noch aus einer schwarzen, konturlosen Masse.

»Mein Mann meinte, alles stimme überein«, wiederholt Iza.

»Auf solche Identifizierungen kann man sich nicht immer hundertprozentig verlassen«, sagt Darija. »Aber wir hätten niemals ein neues Verfahren eingeleitet, wenn uns nicht handfeste Beweise für eine Verwechslung vorliegen würden. Sie könnte schon bei der Identifizierung passiert sein oder tatsächlich bei der Einsargung.«

Iza hört still zu, an ihrem Gesicht lässt sich nichts ablesen, weder Erstaunen noch Traurigkeit, nur diese Leere, die mich an die Hinterbliebenen in Tomašica erinnert, als wäre sie plötzlich in die Vergangenheit versetzt worden und erlebe noch einmal den Tod ihres Kindes. Darija gibt der Stille jedoch keinen Raum, sie macht einfach weiter: »Ich werde jetzt mit Ihnen gemeinsam diesen Bogen ausfüllen, bitte beantworten Sie mir alle Fragen zu Ihrem Sohn. Danach können wir ihn als vermisst melden und sämtliche erforderlichen Untersuchungen durchführen, um die Verwechslung aufzuklären.«

Darija holt ihre Unterlagen aus der Mappe und beginnt unverzüglich mit der vertrauten Litanei. Es würde nichts bringen, länger zu warten, nichts gegen den Schmerz ausrichten, den Iza aufs Neue verspürt.

»Ismet wurde am 5. August 1970 geboren?«

»Ja.«

»Hier in Biljani?«

»Ja.«

»War er verheiratet?«

»Nein.«

»Und Sie wohnten damals alle in Biljani?«

»Ja.«

»Wie groß war Ismet?«

»Etwa 1,90 Meter.«

»Also sehr groß. War er schlank oder beleibt?«

»Normal.«

Iza antwortet kurz und bündig, Darija hakt die Fragen zügig ab, als wollten sie beide, dass es rasch vorbei ist.

»War Ismet Links- oder Rechtshänder?«

»Rechtshänder.«

»Welche Haarfarbe?«

»Schauen Sie einfach mich an«, sagt Rufad, der sich zum ersten Mal am Gespräch beteiligt. Er lächelt breit.

»Ja, schauen Sie sich Rufad an«, bekräftigt Iza, die plötzlich genauso strahlt wie ihr Bruder.

»Und dort steht auch ein Foto«, fügt er hinzu und deutet auf das Regal an der hinteren Wand.

Inmitten der Porträts von zwei kleinen Jungen steht das eines jungen Mannes mit braunem Haar, sanften Augen und einem wohlgeformten Mund, der ein schwarzes T-Shirt trägt und darüber noch ein weißes Hemd und eine Jeansjacke.

»Er ähnelt Ihnen tatsächlich sehr«, bemerkt Darija. »Das Haar also dunkelbraun. Hatte er zum Zeitpunkt seines Verschwindens den gleichen Haarschnitt?«

»Ja.«

»Wissen Sie noch, was er an diesem Tag anhatte? Trug er eine Jeans?«

»Ja, eine Jeans. Und eine lange Unterhose. Mirsad meinte, so etwas würde unser Sohn niemals tragen, aber ich sagte: Doch, ganz sicher, nachts schlief er im Freien. Er hatte ein Bad genommen und dann eine von Mirsads langen Unterhosen angezogen. Später sagte Mirsad, er habe alles wiedererkannt, die Finger, den Gürtel, das T-Shirt.

»Ein Ledergürtel, nehme ich an?«

»Ja.«

»Und die Schuhe? Was trug er an den Füßen?«

»Das weiß ich nicht. Turnschuhe vielleicht.«

»Hatte er irgendwelche gesundheitliche Beschwerden? Wurde er schon mal operiert?«

»Aber nein, er studierte an der Sporthochschule, ein kerngesunder junger Mann von 21 Jahren, in der Blüte seines Lebens.«

Diese letzten Worte haucht Iza nur noch. Hinter meiner Kamera denke ich: Inzwischen hat sie mehr Jahre in Abwesenheit ihres Sohnes verbracht als mit ihm.

»Haben Sie außer Ihrem Vater und Ihrem Sohn noch andere Angehörige verloren, Iza?«

»Meinen Onkel. Und mehrere Cousins.«

Darija macht sich Notizen, hakt Kästchen ab, geht alle Angehörigen durch, die noch am Leben sind, vor allem die Männer aufseiten von Ismets Vater. Von ihnen stammt das Y-Chromosom, das erleichtert die Suche. Es sind aber kaum mehr Männer übrig. Dieses Land ist von Gespenstern bevölkert, den Gespenstern der Söhne, Brüder und Väter.

»Hätte ich damals nicht die Blutprobe für Papa abgegeben, wäre das alles niemals aufgefallen«, sagt Iza, als alle Formulare unterschrieben sind. Spricht daraus Bedauern, oder ist das nur eine Feststellung? Vielleicht wäre es ihr lieber, sie könnte weiterhin am Grab eines Unbekannten weinen, den sie für ihren Sohn hielt.

»Das stimmt«, erwidert Darija. »Aber wir sollten diesen Fall besser aufklären, weil der Tote, den Sie bestattet haben, bestimmt von anderen Hinterbliebenen gesucht wird.«

»Natürlich.« Iza nickt. »Jedenfalls danke ich Ihnen, dass Sie sich um diese ganze Angelegenheit kümmern«, fährt sie fort und faltet die Hände.

»Ich danke Ihnen. Und ich hoffe, dass wir dieser Verwechslung so schnell wie möglich auf die Spur kommen.«

Stille macht sich im Wohnzimmer breit. Der Bogen ist ausgefüllt, es wird Zeit, sich zu verabschieden.

»Möchten Sie vielleicht noch etwas trinken?« Rufad hat Wein geholt, er ist hausgemacht.

»Aber nur ein Gläschen, weil ich noch fahren muss. Nur zum Probieren.«

»Und Ihre Kollegin? Ist zwar kein Vergleich zu französischen Weinen, aber er schmeckt.«

Ich nehme das Glas entgegen und lächle. Darija geht ihren Tabakbeutel holen, den sie im Auto vergessen hat.

»Ich drehe meine auch selbst«, sagt Iza und kramt ihre Reserve hervor, eine Plastikdose voller bereits fertiger Zigaretten.

»Hier ist also alles hausgemacht«, scherzt Darija.

Die Atmosphäre entspannt sich, es tut uns allen gut, ein bisschen zu lachen. Rufad will weder Wein noch Zigaretten, und Iza spottet: »Hier saufen und rauchen nur die Frauen!«

Anhand einiger vertrauter Wörter – *žene, vino, cigareta* – reime ich mir das Gesagte zusammen und stimme in das Lachen ein. Ich denke an die unzähligen Zigaretten, Tassen Kaffee, Gläser Rakija, Bier oder Kirschlikör, die ich mit den Frauen in diesem Land genossen habe, seit ich das erste Mal hergekommen bin; ich denke an diese Überlebenden, die weiterhin für ihre Kinder sorgen, für die vom Krieg verschonten und für die seither geborenen; ich denke an die Frauen, die Wollsocken stricken, die rauchen und trinken, die gegen ihre Albträume Beruhigungsmittel nehmen und sich mit Antidepressiva gegen allzu schmerzliche Erinnerungen wappnen; an die Frauen, die ihre kriegsversehrten Männer pflegen, die die Abwesenheit der Toten aushalten, die eine Anstandszeit wahren, bevor sie wieder heiraten, denn es gehört sich nicht, so bald ein neues Glück zu suchen, aber es ist auch zu hart, allein zu bleiben. Starke Frauen, die ihren Kindern vom verstorbenen Vater erzählen, vom verschwundenen Cousin, weil die Kinder Bescheid wissen müssen, Frauen, die ihnen das Schlimmste verschweigen, um sie nicht zu belasten, Frauen, die sich fragen, ob sie es erzählen sollen oder nicht, was mag nur das Richtige sein?

Der Wein ist prickelnd und leicht säuerlich, Rufad will wissen, was ich davon halte, ich finde ihn gut, sage ich lächelnd, Darija übersetzt. Das Porträt von Ismet steckt in einem rosaroten Rahmen, so rosa wie Izas Pulli, ein sanfter, warmer Farbton. Es gibt die Bezeichnungen »Witwe«, »Waise«, aber für die Mutter, die in Abwesenheit ihres Sohns lebt, gibt es kein einziges Wort, als könnte die Sprache selbst es nicht fassen.

»Gibt es viele solcher Fälle?«, frage ich Darija, als wir im Auto sitzen.

»Man schätzt die Zahl herkömmlicher Identifizierungen auf etwa 7000. Sie erfolgten meistens anhand von Kleidungsstücken. Die Mütter erzählen mir oft von den Wollsocken oder vom Pulli, den sie für ihren Sohn gestrickt haben. Das Problem ist nur, dass Kleidung häufiger mal den Besitzer wechselt. Wie bei der Belagerung von Srebrenica, beispielsweise. Die Kleidung der Getöteten wurde zum Teil von anderen übernommen. Und dann besagen auch die Ausweisdokumente nichts, die noch in der Tasche stecken. Darum sollen jetzt all diese Fälle überprüft werden.«

»Aber das ist ja eine Herkulesarbeit!«

»Ja, vor allem, weil im Schnitt drei Blutproben benötigt werden, um eine Identität zweifelsfrei festzustellen. Macht insgesamt 21 000 Proben ... Und wie soll man die Angehörigen nach über zwanzig Jahren alle ausfindig machen, zumal sie ohnehin glauben, sie hätten mit alldem abgeschlossen.«

»Und das ist jetzt dein nächstes Vorhaben?«

»Ja. Das heißt, wenn die Hinterbliebenenverbände sich darauf einlassen, was nicht unbedingt gesagt ist. Dort versteht man zwar, wie sinnvoll das Projekt ist, aber es ist eine Zumutung für alle, die ihre Lieben schon bestattet haben. Und ich kann sie verstehen. Ich glaube schon, dass manche lieber weitermachen würden wie bisher, ohne die Wahrheit zu kennen ... Momentan kontaktieren wir Hinterbliebene nur, wenn uns bereits ein *Match* vorliegt, wie im Fall von Iza – wenn also ein Leichnam vorhanden ist und wir die Familien nicht mit einem leeren Grab zurücklassen müssen. Wenn das Projekt aber offiziell wird, wollen wir alle Betroffenen kontaktieren ...« Sie klingt leicht besorgt, als sie hinzufügt: »Das setzt auch den Fortbestand meiner Stelle voraus. Sollte man mir nämlich in den nächsten Monaten kündigen, wie meinen Laborkollegen, dann ...«

Es wird still im Auto.

»Wann wirst du erfahren, ob es klappt?«

»Bis Ende des Jahres, hoffentlich. Ach, lass uns für den Rückweg eine andere Strecke fahren. Dann kommen wir auch an Sanski Most vorbei und könnten Ajša in Šejkovača Hallo sagen, was meinst du?«

»Einverstanden, ich würde sie sehr gern wiedersehen.«

»Super! Und danach machen wir in Kozarac halt und essen Tarhana im Stara Bašta.«

Ich füge mich. Darija hat auf jeder Strecke ihre kleinen Angewohnheiten – ihr Stammcafé, das Restaurant, das ihr Leibgericht serviert, ihre Lieblingsstellen für die Zigarettenpause. Erst gestern sagte ich im Spaß zu ihr, sollte sie jemals den Beruf wechseln, könnte sie locker Reiseführerin werden. Sie kennt diese Region wie ihre Westentasche. Mit einem stolzen Lächeln erwiderte sie, das höre sie nicht zum ersten Mal.

In Šejkovača empfängt uns Ajša wie immer mit einem Nescafé. Sie freut sich, uns zu sehen, eine nette Abwechslung, wie sie sagt. Vom Team, mit dem ich früher in diesem kleinen Bürocontainer gesessen habe, sind nur noch sie und Samir, der Wachpolizist, übrig. Und auch Ajša ist auf dem Sprung. Sie möchte zu ihrem Mann nach Deutschland ziehen, bessere Berufsaussichten haben, ein ordentliches Gehalt, ein leichteres Leben. Angesichts der Kürzungen, die die ICMP bei ihrem Einsatz hierzulande vornimmt, ist es sicher besser, sein Glück anderswo zu suchen.

»Kann ich vielleicht in die Halle gehen?«, frage ich Ajša.

»Na klar. Ich rufe nur schnell den Staatsanwalt an und frage, ob du die Kamera mit reinnehmen darfst.«

Ich bekomme die Erlaubnis.

Allein mit meiner Kamera drücke ich die Tür auf. Ich bin zum sechsten Mal hier, lasse den Blick durch diesen Raum schweifen, den ich in- und auswendig kenne. Die Fotos an der Wand, die Rollwagen, die Tische. Jetzt sind es acht in einer Reihe, mitten im großen Saal. Auf jedem Tisch liegen Knochen in der richtigen anatomischen Anordnung. Am Fuß jeden Tisches liegt ein Stapel Kleidung, gewaschen und gefaltet, gekrönt von den persönlichen Gegenständen – Uhr, Rasierer, ein Knopf, der in irgendeiner Tasche steckte. Ich mustere all diese Überbleibsel, und zum ersten Mal erkenne ich darin die Umrisse eines Lebens. Auf einer Jeans und einem gestreiften Hemd ruht ein zusammengerollter brauner Ledergürtel.

Als wir danach im Stara Bašta vor unseren Tellern Tarhana sitzen – einer Suppe mit hausgemachten Nudeln, in die man dicke Scheiben Weißbrot tunkt –, fragt mich Darija unversehens, warum ich mich eigentlich für all das interessiere. Wie sei ich auf die Idee gekommen? Warum ausgerechnet die Vermissten? Ich erzähle es ihr von Anfang an, von den allerersten Anfängen sechs Jahre zuvor, als ich Senem zum ersten Mal in die Leichenhalle von Šejkovača folgte. Erzähle, dass ich von nichts eine Ahnung hatte. Erzähle von meinen Begegnungen in Trnopolje, von den vielen Geschichten, in denen die Vermissten herumgeistern, die man weder zu fassen bekommt noch ziehen lassen kann. Ich erzähle von meiner Woche am Massengrab von Tomašica, den geborgenen Toten, dem Blick der Hinterbliebenen, zunächst hoffnungsvoll und dann schlagartig leer, als hätte das Massaker gerade erst stattgefunden. Ich erzähle von den sechs Jahren, in denen ich mich an diese eigenartigen Orte begeben habe, dort, wo das vorherrscht, was Psychologen mit einem poetischen Begriff als »uneindeutige Verluste« bezeichnen und was Suada, Mutter von zwei vermissten Söhnen, mir auf diese Weise erklärte: »Ich weiß einfach nicht, wo sie sind. Sie sind weder bei den Toten noch unter den Lebenden.«

»Jetzt bin ich so weit«, sage ich schließlich. »Und darum möchte ich diesen Film machen. Weil es mir so wichtig erscheint, diese Geschichte zu erzählen.«

Ich sehe, wie Darijas Augen feucht werden. Wir beenden unser Mahl, trinken einen Kaffee, sie dreht sich eine Zigarette, und dann ziehen wir weiter, zum nächsten Haus.

2020

14

DER KREIS

Vom Bildschirm blickt mich Senem an, mit einem strahlenden Lächeln und müden Augen. Es ist schon spät in Sochumi, Hauptstadt der selbsternannten Republik Abchasien, und sie hat gerade sechs Stunden Autofahrt hinter sich.

»Du hast dich ja kein bisschen verändert, Taina!«

»Doch, doch!«, widerspreche ich lachend. »Sieh dir nur meine vielen weißen Haare an. Davor hatte ich kein einziges.«

»Dafür habe ich immer weniger Haare«, scherzt sie.

Wie vertraut mir diese Stimme ist, dieser entschlossene, zuweilen unerbittliche Blick.

Mehr als fünf Jahre haben wir uns nicht gesehen. Seit unserem Abschied 2015 in Šejkovača haben wir nur ein paar Mails gewechselt. Inzwischen ist mein Film fertig. Es dauerte vier Jahre, bis die Finanzierung stand, bis er abgedreht und geschnitten war, und als er auf die Leinwände kommen sollte, wurden wegen der Pandemie im Frühjahr alle Kinos und Grenzen geschlossen, sodass Darija nicht zur Vorpremiere nach Paris kommen und ich nicht nach Bosnien reisen konnte. Blieb uns beiden jeweils nur der eigene Bildschirm.

Senem hatte ich einen Link gemailt, damit sie sich die Geschichte ansehen konnte, die mit ihr ihren Anfang genommen hatte. »*Well done!*«, schrieb sie mir danach. Wohl wissend, wie sehr sie gute Arbeit schätzt, hatte ich mich sehr über das Kompliment gefreut.

»Ich habe oft an dich gedacht, als ich vor drei Monaten hier angekommen bin«, sagt sie jetzt.

»Ach ja?«

»Dieses Land erinnert mich an meine Heimat. Ich habe das Gefühl, das eigene Land neu zu entdecken, aber mit den Augen eines Menschen, der es zuvor nicht kannte. Und ich dachte, so muss es für dich gewesen sein, als du das erste Mal nach Bosnien kamst.«

Ihre Worte rühren mich. Sie kennt den Weg, den ich zurückgelegt habe, seit unserem ersten Treffen im Containerbüro von Šejkovača, an einem nebligen Septembermorgen vor zehn Jahren. Ich müsste sie mal fragen, warum sie damals bereit war, mir zu vertrauen.

»Bevor ich diesen Posten annahm, habe ich mich lange gefragt, was ich eigentlich will«, fährt Senem fort. »Nach meiner Mission in Bagdad hatte ich das Bedürfnis, wieder ein normales Leben zu führen. Und dann kam dieses Angebot. Genau das Richtige für mich, dachte ich. Und es stimmt.«

Senem hat ihr Land vor fünf Jahren verlassen, zunächst, um nach Afghanistan zu gehen, dann in den Irak und jetzt nach Georgien. Die Erfahrungen, die sie fünfzehn Jahre lang in bosnischen Massengräbern und Leichenhallen gesammelt hat, machen sie für das Internationale Komitee vom Roten Kreuz (IKRK) zu einer gefragten Spezialistin. Sie ist jetzt Expertin für *Forensics*, wie der bei internationalen Organisationen gebräuchliche englische Begriff lautet. Eine Welt voller Expats, die von einem Krisengebiet zum nächsten ziehen.

»Bei meinen Anfängen in Kabul dachte ich oft an Bosnien. Und fragte mich in den ersten Monaten ständig, ob ich nicht gerade die Hinterbliebenen im Stich ließ.«

Die Frage stellt sich nicht mehr. Die Arbeit hat sie mit Haut und Haar verschlungen, wie immer. Inzwischen hat sie gelernt, mit diesem Hauch von Schuldgefühl zu leben, vielleicht ist sie jetzt auch in der Lage, ihren Nachfolgern zu vertrauen, sich mit dem Gedanken abzufinden, dass sie nicht unersetzbar ist. Sie erzählt, dass dieses Land sie nach den ersten Monaten voller Zweifel restlos begeistert, dass sie dort sehr viel gelernt hat. Gemeinsam mit ihrem Team und den zuständigen Behörden sollte sie einen Plan zum »Umgang mit menschlichen Überresten« entwickeln, um die Toten auch in Konfliktsituationen möglichst reibungslos ihren Angehörigen zu übergeben.

Senem nennt das Prävention, es soll verhindern, dass aus Toten Vermisste werden. Für sie, die Massengräber an abgeschiedenen bosnischen Orten gewohnt war, ein verblüffender Ansatz: An ihrem neuen Einsatzort wurden keine Leichen versteckt, um Morde zu vertuschen. Ihre Aufgabe bestand nicht darin, die Konfliktparteien zur Herausgabe von Toten zu bewegen, sie sollte lediglich die Übergabe an die Hinterbliebenen organisieren.

»Das war mir vollkommen neu: In diesem kriegsverheerten Land, in dem Tag für Tag so viele Menschen starben, wurden noch manche Werte bewahrt und auch von allen geteilt.«

In diesem einen Punkt waren sich nämlich alle einig: Auch der Feind war ein menschliches Wesen, und sein Leichnam musste unbedingt der Familie übergeben und anständig bestattet werden.

Ich denke an die ersten Toten zurück, die ich vor zehn Jahren in Šejkovača gesehen habe, und daran, wie Senem mir ihre Lage in der Grube beschrieb – sorgfältig aufgereiht, mit dem Gesicht nach oben – und welchen Schluss sie daraus zog: Der Totengräber war ganz sicher nicht der Mörder gewesen. Wer tötet, geht nicht so achtsam mit den Leichen um.

Im fernen Kabul lernte Senem, dass es möglich war, seinen

Feind zu töten, ohne es an Respekt für seine sterbliche Hülle fehlen zu lassen. Machte das vielleicht den Unterschied zwischen Krieg und Völkermord aus? Während sie mir von alldem erzählt, höre ich ein Staunen in ihrer Stimme. Nie hätte sie gedacht, dass der Umgang mit Toten so unterschiedlich ausfallen kann. Und ich überlege, ob die Brachialität in Bosnien – die Zerstreuung der Überreste, wenn man einen Teil aus dem Massengrab herausholte und in einem sekundären Grab verscharrte, das pietätlose Vorgehen, um Kriegsverbrechen zu kaschieren – für sie damals eine zusätzliche Belastung war. Ich würde sie gern danach fragen, aber ich unterbreche sie lieber nicht. Senem wird gerade von ihren Erinnerungen mitgerissen, wendet sich manchmal zur Seite, wenn sie nach Worten sucht.

»Und dann, drei Tage vor dem Ende meines Einsatzes, wurde meine Kollegin ermordet.«

Ein brutaler Schnitt. Das Team war sich darüber im Klaren, dass so etwas passieren könnte. Während der zwanzig Monate, die Senem in Kabul verbrachte, kamen sechs andere Mitarbeiter vom IKRK und vom Roten Halbmond ums Leben. Lorena, eine spanische Physiotherapeutin, war für Senem aber auch eine Freundin gewesen. Sie überführte die Leiche in Lorenas Heimat, traf sich mit der Familie ... Zum ersten Mal nahm Senem sich der Überreste eines Menschen an, der ihr nahestand. »Als ich nach Sarajevo zurückkehrte, habe ich zwei Wochen lang mit niemandem gesprochen«, sagt sie.

Und wieder fand sie dann Trost bei Darija. Wie üblich verbrachten sie die Ferien auf ihrer kleinen Insel vor der kroatischen Küste. Senem fand zur Sprache zurück und damit zur Frage, wie es für sie weitergehen sollte. Eigentlich wollte sie nicht mehr ins Ausland, doch nach den Ferien reichte schon eine Woche in ihren eigenen vier Wänden, um sie vom Gegenteil zu überzeugen.

»Mir war langweilig«, sagt Senem. »Da habe ich mich für Bagdad beworben und wurde genommen.«

Während ich sie so reden höre, von ihrem Hotelzimmer in Sochumi aus, habe ich das Gefühl, wir setzten ein Gespräch fort, das erst gestern in Šejkovača begonnen hat. Sie erzählt mir vom Irak, »wieder ganz anders«, und zeichnet zur Einstimmung ein düsteres Bild: Niedergang des Islamischen Staates, massive humanitäre Krise, Missachtung der Menschenrechte. »Und wir sollten zur Schaffung einer nationalen Vermisstenstelle beitragen.« Ihrem Elan entnehme ich, dass die desolate Lage, die sie gerade beschrieben hat, für sie vor allem eine spannende Herausforderung darstellte. Die drei Jahre, die sie in Bagdad verbracht hat, fasst sie mit abstrakten Begriffen zusammen: systemischer Ansatz, Aufbau von Kapazitäten, empfohlene Standards, Focal Points – der technokratische Jargon internationaler Organisationen.

»Aber mit wem hast du denn gearbeitet? Mit den Behörden? Mit der Zivilgesellschaft?«

»Mit allen: Behörden, Familienverbände, Menschenrechtsorganisationen, Experten ... Sie sollten alle zusammen ein tragfähiges System errichten.«

Senem ist stolz auf das Netzwerk, das sie ins Leben gerufen hat, auch wenn es zunächst nicht ganz funktionstüchtig war.

»In meinen drei Jahren vor Ort ist mir keine einzige Identifizierung geglückt, aber ich weiß, dass inzwischen Hunderte möglich sind.« Sie zieht an ihrer E-Zigarette, steht auf, um das Fenster zu öffnen, und behält dabei ihr Telefon in der Hand, das Bild wackelt und wirbelt herum, bis sie sich aufs Bett fallen lässt und den Kopf gegen die Wand lehnt. Die helle, glänzend gemusterte Tapete lässt ihre Augenringe hervortreten, bei Senem ist es bald Mitternacht.

»Hier in Georgien ist es genau wie in Bosnien«, sagt sie. Der Dampf der E-Zigarette verhüllt ihr Gesicht. »Die ganze Arbeit wird von uns erledigt. Wir graben die Überreste aus, führen die Untersuchungen durch, nehmen die Identifizierungen vor, übergeben die Toten an die Hinterbliebenen. Nur die DNA-Analysen machen wir nicht selbst, die übernimmt ein externes Labor.«

»Aber bist du jetzt in Georgien oder in Abchasien?«

»Sowohl als auch. Mein Hauptquartier ist in Tiflis, also in der georgischen Hauptstadt, aber ich bin überall im Einsatz, auch in den Regionen Abchasien und Südossetien, die unmittelbar vom Krieg betroffen sind. Dort gibt es viele Vermisste. Ist dir die Geschichte dieser Gegend vertraut?«

»Nicht wirklich.«

»Lies mal im Internet nach, interessiert dich bestimmt. Sie erinnert mich oft an Prijedor. Tatsächlich ist dieser Ort wie für mich gemacht, als würde sich hier ein Kreis schließen.«

Darüber muss ich lächeln. Ich denke an die vielen Gespräche, die ich in den letzten zehn Jahren mit ihr, in den letzten sechs Jahren mit Darija geführt habe. Zwar kenne ich sie beide, aber wir haben uns nie zu dritt getroffen. Bis auf dieses eine Mal, als Darija mich an unserem ersten gemeinsamen Drehtag in Šejkovača abgeholt hat – da haben wir alle drei noch schnell einen Kaffee getrunken, bevor es losging. Und ich habe Senem und Darija gefilmt, während sie sich miteinander unterhielten. Ich denke an die Freundschaft, die uns verbindet, von meinem Wohnort Paris über die von Darija befahrenen Straßen der bosnischen Krajina zu den Krisengebieten im euroasiatischen Raum, in die Senem sich begibt. Ich denke an die Schicksale, die uns offenbart werden und denen wir einen Sinn zu verleihen suchen – Darija anhand der vier Tropfen Blut und der Erinnerungen, die sie sammelt, Senem anhand der Knochen, die sie sortiert, ich anhand der Geschichten, die ich verwebe.

»Ich weiß nicht, wohin es mich nach diesem Einsatz verschlagen wird«, fährt Senem fort. »Im Moment könnte ich aber nicht glücklicher sein.«

Das Bild erstarrt und verschwindet dann. Die Verbindung ist abgebrochen. Ich sehe nur noch Senems Profilfoto, eine Miniflagge des IKRK, auf Halbmast gesetzt. Sie verwendet es seit drei Jahren, seit dem Tag, als ihre Kollegin in Masar-e Scharif umgebracht wurde.

Nach einer Stunde bekomme ich eine Textnachricht: »Tut mir leid, kein Internet mehr. Es war schön, mit dir zu reden. Gute Nacht!«

Ich antworte: »Gute Nacht. Wir setzen das an einem anderen Abend fort.«

»Ja, gern.«

Ich gebe »Abchasien« in die Suchmaschine ein und fange an zu lesen.

der Knochen, die sie sortiert, ich anhand der Geschichten, die ich verwebe.

»Ich weiß nicht, wohin es mich nach diesem Einsatz verschlagen wird«, fährt Senem fort. »Im Moment könnte ich aber nicht glücklicher sein.«

Das Bild erstarrt und verschwindet dann. Die Verbindung ist abgebrochen. Ich sehe nur noch Senems Profilfoto, eine Miniflagge des IKRK, auf Halbmast gesetzt. Sie verwendet es seit drei Jahren, seit dem Tag, als ihre Kollegin in Masar-e Scharif umgebracht wurde.

Nach einer Stunde bekomme ich eine Textnachricht: »Tut mir leid, kein Internet mehr. Es war schön, mit dir zu reden. Gute Nacht!«

Ich antworte: »Gute Nacht. Wir setzen das an einem anderen Abend fort.«

»Ja, gern.«

Ich gebe »Abchasien« in die Suchmaschine ein und fange an zu lesen.

DANKE
HVALA

Für das Vertrauen, das ihr mir seit zehn Jahren bei jeder Reise
aufs Neue schenkt:
Senem Škulj
Darija Vujinović
Sudbin Musić
Ervin Blažević, aka Švabo
Zoran Vučić

Dem ganzen Team des KIP in Šejkovača, und ganz besonders:
Ajša Smalić, Asmir Hodžić, Zlatan Musić, Bejsa Crljenković,
Samir Selman, sowie dem Team N. N. in Visoko und in Ost-
Sarajevo.

In Trnopolje, *hvala puno*:
Mirela Maroslić, ohne deine Worte hätte diese Geschichte
niemals begonnen,
Mehmed und Emira Maroslić, meine Familie in Bosnien, für
euren stets so herzlichen Empfang,
Rasma Hodžić, für Gemüse, Kaffee und die Geschichten in
deinem Barbiehaus.

In Paris, danke:
Julie Biro, für deine Anekdoten, die mich zum allerersten Mal
dorthin geführt haben, und für die Heimreise quer durch den
Balkan, in jenem Jahr, als der Vulkan ausbrach und die Flug-
zeuge am Boden hielt,

Zabou Carrière, geschätzte Weggefährtin, in deren Begleitung ich zum ersten Mal nach Prijedor, Kozarac, Šejkovača und Tomašica kam, danke für deine Bilder, die mir geholfen haben, diese Geschichte nach zehn Jahren zu erzählen,

Jacques Deschamps, für deine Bemerkung über zwei lebendige Frauen, die einen Film hat entstehen lassen,

Chantal Richard, weil dir meine schwarzen Notizbücher aufgefallen sind und du sie nicht mehr hergegeben hast,

Clémence Billault und Cyril Gay, weil ihr die Geschichte erahnt habt, noch bevor ich sie erzählte.

Dir, der mir eine rote Rose aus Emiras Garten beschert hat, danke ich fürs Gegenlesen, ungezählte Male, für Freude und Licht, die du in mein Leben bringst,

selbst dann, wenn es Jahr um Jahr von Toten und Vermissten bevölkert wird.